Inhalt

Klein aber wirkungsvoll - Mit Instagram zum Mikroinfluencer

Instagrammarketing leicht gemacht: Hashtagstrategien, mehr Follower und Reichweite.

Tabea Blumberg und Alice Ariee

Buchbeschreibung:

Du möchtest auf Instagram als Mikroinfluencer durchstarten? Mit deinem Business oder deiner Message viele Menschen erreichen und begeistern?

Mit diesem Ratgeber wirst Du zum Experten und kannst voll mit Instagram durchstarten, um deine Ziele zu erreichen. Ganz egal, ob Neuling oder schon länger dabei, ich helfe dir dabei, dein Instagram auf ein neues Level zu heben. Du erfährst Schritt für Schritt, was du tun musst, um als Mikroinfluencer Geld zu verdienen . Durch Checklisten am Ende jedes Kapitels, kannst Du die Inhalte sofort anwenden.

Klein aber wirkungsvoll - Mit Instagram zum Mikroinfluencer

Instagrammarketing leicht gemacht: Hashtagstrategien, mehr Follower und Reichweite.

Tabea Blumberg und Alice Ariee

Alle Ratschläge in diesem Buch wurden vom Autor sorgfältig erwogen und geprüft. Eine Garantie kann dennoch nicht übernommen werden. Eine Haftung des Autors ist daher ausgeschlossen.

Sollte diese Publikation Links auf Webseiten Dritter enthalten, so übernehmen wir für deren Inhalte keine Haftung, da wir uns diese nicht zu eigen machen, sondern lediglich auf deren Stand zum Zeitpunkt der Erstveröffentlichung verweisen.

1. Auflage, 2020

Tina Gillitzer

Karlstraße 76

89547 Gerstetten

Cover: Constanze Kramer, www.coverboutique.de

Fotos: © Wiktoria Matynia, © akebonostock, © litvinovaelena86, © cys, © natakuprova, © One Pixel

Studio, © metamorworks – adobe.stock.com

ISBN: 9798685819222

Vorwort von Alice Ariee

Ausgezeichnet, dass Du dich entschieden hast, das Abenteuer zum Mikroinfluencer anzutreten. Zunächst stelle ich mich einmal kurz vor und zeige dir, was Instagram mir bedeutet.

Ich bin Alice Ariee, Poetin, Autorin und Mikroinfluencerin.

Was das Geniale daran ist? Auf der einen Seite habe ich die nötige Reichweite, um viele Menschen zu erreichen. In anderer Hinsicht existiert Nähe zu meinen Followern. Hiermit meine ich, dass ich in der Lage bin, mit ihnen zu interagieren, ohne den Überblick zu verlieren. Dies schafft eine solide Basis, um sowohl das Business voranzutreiben, als auch meine persönliche Reichweite zu erhöhen. Darüber hinaus fällt das Networking leicht. Ich habe während meiner Zeit auf Instagram viele Menschen kennengelernt und manchmal ergeben sich verlockende Kooperationen daraus. So zum Beispiel dieses Buch.

Die Plattform wird von mir genutzt, um bedeutende Themen zu teilen. Ich habe mein Profil mit Gedichten, wie dem Folgenden aufgebaut:

Nebel

Nebel, dicht, verschleierte Sicht,
suche nach dir, doch sehe dich nicht.
Wenige Meter getrennt, irgendwo,
schweifender Blick, doch nirgendwo.

Weiß, hell und trüb zugleich,
Wohin mit mir, alles so bleich.
Schritte gehört, doch ohne Richtung,
angestrengter Blick, doch keine Lichtung.

Magisch gar legen sich die Tropfen,
über die Landschaft, über Spreu und Hopfen,
Wälder verschwinden, versinken darin,
frage mich nur: Wo bist du hin?

Alice Ariee

Mit Instagram ist vieles möglich. Ganz besonders in einem Zeitalter, in dem immer mehr Dinge online geschehen. Du bist im Stande, dir deine Selbstständigkeit damit aufzubauen, deine Kunst beziehungsweise deine Leidenschaft zu teilen und eine Message in die Welt zu tragen. Oder die Plattform schlicht und einfach dafür zu nutzen, Menschen mit ähnlichen Interessen zu finden und dich zu vernetzen. Die Vielseitigkeit von Instagram faszinierte mich schon immer. Ich liebe das Mikroinfluencer-Dasein.

Was dein Ziel auch sein mag, mit diesem Buch hast Du den perfekten Ratgeber dafür in der Hand. Ich wünsche dir viel Erfolg auf der Reise dorthin!

AliceAriee

Einleitung

Mit Instagram zum Mikroinfluencer werden und damit erfolgreich sein – wer wünscht sich das nicht?

Die Plattform ist heutzutage kaum noch wegzudenken. Weltweit nutzen Millionen von Menschen dieses soziale Netzwerk. Kaum jemand kennt es nicht. Nicht nur private Personen, sondern ebenso Unternehmen, Selbstständige und Influencer haben unlängst ihren Nutzen darin gefunden. Speziell die Bedeutung von Mikroinfluencern wächst immer weiter.

Aber was ist ein Mikroinfluencer überhaupt?

Sogenannte Mikroinfluencer kennzeichnen sich durch eine verhältnismäßig geringe Anzahl an Abonnenten, wobei eine genaue Zahl hierfür nicht festgelegt ist. Eine Followerzahl von 5.000-10.0000 dient als grober Richtwert. Im Gegenzug erfreuen sie sich einer regen Teilnahme und einer größeren Nähe zu den Followern als die großen Influencer. Aus diesem Grund sind sie bei Firmen, die Influencer-Marketing betreiben, beliebt. Oftmals findet man unter Mikroinfluencern Experten auf ihrem Gebiet.

Instagram bietet Dir zahlreiche Möglichkeiten, viele Menschen zu erreichen. Und das Beste - Du beeinflusst gezielt, wen Du erreichst!

Das klingt ja soweit brillant, oder?

Sei dir an dieser Stelle allerdings bewusst, dass es nicht einfach ist, sich als Mikroinfluencer zu profilieren. Deine Aufgabe ist es, einen Weg zu finden, in dem Dschungel Aufmerksamkeit auf dich zu ziehen. Dadurch wirst Du zum erfolgreichen Mikroinfluencer. In Folge dessen bist Du in der Lage, deine persönlichen Ziele zu erreichen.

Das klingt im ersten Augenblick nach einer Mammutaufgabe. Doch keine Sorge! Du bist nicht gezwungen, diesen Weg im Alleingang zu beschreiten. Mit diesem Buch nehme ich dich an die Hand und wir absolvieren die Schritte zusammen. Wie Du, habe auch ich mir einmal viele Fragen gestellt und kam mir vor, als stünde ich geradewegs inmitten eines undurchdringbaren Dschungels.

>> Welche Art von Profil ist optimal? Was poste ich? Wie erreiche ich mehr Menschen? Wie schaffe ich es in die Topposts? Wie nutze ich Stories für mich? Empfiehlt es sich, Videos hochzuladen? Wie verwende ich Hashtags? Wozu brauche ich die Insights? Was gibt es bei Interaktionen, wie Likes und Kommentare, zu beachten? Wie binde ich Abonnenten an meinen Account? Wie funktioniert Werbung auf Instagram? Wie vermeide ich Banns? <<

Sind das Fragen, die Du dir längst gestellt hast? Oder Angelegenheiten, die Du bisher nicht berücksichtigt hast? In beiden Fällen ist ebendieses E-Book perfekt für dich. Dies liegt daran, dass die einzelnen Themen nicht ausschließlich oberflächlich angeschnitten werden. Du bekommst nicht nur allgemeine Infos, die Du auch überall im Internet findest. Nein, Du bekommst echte Insider-Informationen geliefert, die auf jahrelangen Erfahrungen beruhen und dir Schritt für Schritt weiterhelfen. Ich nehme dich an der Hand und gehe mit dir durch den Dschungel. Mein Wunsch ist es, dass Du dein Ziel erreichst und zum erfolgreichen Mikroinfluencer wirst.

Zur Veranschaulichung werde ich dir immer wieder Beispiele nennen. Da dieses Buch in schwarz-weiß ist, solltest du dir dein Handy zur Hand nehmen und es dir in der App auch farbig ansehen.

Ich empfehle, Stift und Papier zurechtzulegen, um dir Notizen anzufertigen. Bearbeite die einzelnen Kapitel nicht zu rasch. Nimm dir lieber Zeit und setze eins nach dem anderen um. Ziel ist es, am Ende das Ganze nicht einfach nur gelesen zu haben, sondern darüber hinaus in der Lage zu sein, es erfolgreich anzuwenden.

Zur besseren Übersicht findest Du an jedem Kapitelende eine Checkliste. Diese fasst alle wesentlichen Inhalte auf einem Blick zusammen. Bist Du bereit durchzustarten?

Dann lass uns loslegen!

Profil

In diesem Kapitel setzen wir uns mit deinem Profil auseinander. Ziel ist es, dir einen ersten Einblick zu vermitteln, was bei der Erstellung und Verwaltung zu beachten ist. Ungeachtet dessen, ob Du Instagram-Neuling bist oder nicht, entstehen bei dem Ziel, als Mikroinfluencer durchzustarten eine Menge Fragen.

Welche Profile gibt es?
Wie unterscheiden sie sich voneinander?
Welches ist für mich das Richtige?
Welches Profilbild ist zu wählen und was schreibe ich in meine Profilbeschreibung?

Im ersten Moment sind das viele offene Fragen. Ich helfe dir schrittweise, die Antworten zu finden.

Professionelles Konto oder privates Profil?

Um diese Frage zu beantworten, sehen wir uns an, in welchen Punkten sich die beiden Varianten voneinander unterscheiden. Einleitend betrachten wir, was es mit den einzelnen Optionen auf sich hat und stellen deren Vor- und Nachteile gegenüber.

Bei der Anmeldung steigst Du zunächst mit einem privaten Profil ein. Man unterscheidet hier zwei Arten: das Öffentliche und das komplett Private. Öffentlich heißt hierbei, dass jeder dein Profil findet und sieht. Deine Beiträge sind frei zugänglich und alle Welt ist in der Lage, Kommentare unter deine Bilder zu setzen. Zumindest solange Du dies nicht in den Einstellungen änderst.

Mit einem privaten Profil hast Du die Möglichkeit, deine Beiträge für von dir freigegebene Abonnenten sichtbar zu machen. Wenn Du Wert auf Privatsphäre legst und Du Bilder nicht mit der ganzen Welt teilen möchtest, dann entscheide dich für ein privates Profil. Bist Du in deiner Freizeit auf Instagram, um mit Freunden, Bekannten oder Familie in Kontakt zu bleiben und Bilder mit ihnen zu teilen, reicht dies aus.

Oder nutzt Du die Plattform stattdessen mit dem Ziel, ein Produkt beziehungsweise dich selbst zu vermarkten? Willst Du als Mikroinfluencer durchstarten, lege ich dir nahe, ein professionelles Konto zu erstellen. Dieses ebenfalls kostenlose Profil bringt viele Privilegien mit sich. In Bezug auf deine Ziele mit der Plattform sind diese von großer Bedeutung. Zu den Vorteilen kommen wir gleich.

Zuerst nehmen wir noch eine andere Hürde.

Ein professionelles Konto ist entweder ein Businesskonto oder ein Kreator-Konto. Sobald Du dein privates Konto in ein professionelles Konto umwandelst, wirst Du von Instagram gefragt, welche der beiden Varianten besser zu dir passt und wofür Du dich entscheidest.

Wie triffst Du die richtige Wahl?

Ein **Kreator-Profil** ist lukrativ für Personen des öffentlichen Lebens, Content-Ersteller, Künstler und andere Influencer. Es bietet einige Besonderheiten. Diese sind speziell auf deine Vermarktung ausgerichtet und erleichtern dir zugleich die Zusammenarbeit mit Kooperationspartnern. Ein **Businesskonto** ist ideal für Unternehmen, Marken, Organisationen, Serviceanbieter und Einzelhändler.

Als Mikroinfluencer ist für dich das Kreator-Profil die erste Wahl.

Richtest Du ein professionelles Konto ein bzw. wandelst Du ein privates Profil in ein professionelles Konto um, erhältst Du Zugriff auf zusätzliche Features und Vorteile. Bist Du neugierig? Dann widmen wir uns im nächsten Schritt eben diesen Besonderheiten.

Kontaktbutton

Bei Business- und Kreator-Profilen hast Du Zugriff auf einen Kontakt-Button in deiner Profilbeschreibung. Hierbei kannst Du zwischen verschiedenen Kontaktoptionen wählen. Mit dem Kontaktbutton hast Du die Gelegenheit, eine Wegbeschreibung, eine Telefonnummer und/oder eine E-Mail-Adresse zu hinterlegen. Wenn Du das nicht im Sinn hast, keine Sorge. Diese Möglichkeit ist optional. Du entscheidest, ob diese Information in deinem Profil angezeigt wird. Oder ob sie verborgen bleibt. Du hast das Recht, es jederzeit im Nachhinein zu ändern.

Kategorie-Bezeichnung

Eine Kategorie-Bezeichnung ist nur für professionelle Konten verfügbar. Das bedeutet, dass Du eine Kategorie auswählen kannst, die zu dir passt. Diese wird optional in deiner Profilbeschreibung angezeigt. Du findest sie direkt unter dem Profilbild. Besucher deines Profils sehen dadurch sofort, wofür Du stehst und worum es sich bei dir dreht.

Wähle aus, was dich treffend beschreibt.

In folgender Tabelle siehst Du eine Auswahl der Kategorien für professionelle Konten:

Business Konto	**Kreator Konto**
Persönlicher Blog	Autor
Produkt/ Dienstleistung	Blogger
Kunst	Designer
Gesundheit/ Schönheit	Filmfigur
Einzelhandel	Fitnessmodel
Bekleidung/ Marke	Künstler

An dieser Stelle ein Wort der Warnung bezüglich deiner Wahl. In den Hauptkategorien tummeln sich Tausende von Influencern. Von diesen haben einige viele Abonnenten und eine hohe Reichweite. Wählst Du eine globale Kategorie wie „Fitness“ oder „Beauty“, ohne dich weiter zu spezialisieren, wird es schwer für dich sein, dich durchzusetzen.

Besser ist es, eine Nische zu suchen. Wenn deine Hauptkategorie Fitness ist, könntest Du dich beispielsweise auf Yoga für schwangere Frauen konzentrieren. Ist Beauty deine Leidenschaft, lege den Fokus auf einen Teilaspekt. Sag zum Beispiel Augenfalten den Kampf an oder kümmere dich darum, wie man makellose Füße bekommt. Wähle in diesem Fall eine übergeordnete Hauptkategorie und mach in deiner Profilbeschreibung deine Nische klar.

Durch eine Spezialisierung schaffst Du es, dich von der breiten Masse an Influencern abzuheben. Du wirst bequemer von der richtigen Zielgruppe gefunden und erreichst dadurch die richtigen Menschen.

Insights

Ein wesentliches, hilfreiches Ausstattungsmerkmal bei einem professionellen Account (und nur bei diesem) ist die Statistikfunktion. Dadurch bist Du im Stande, Statistiken zu analysieren und somit deine Beiträge zu verbessern. Ebendeswegen zahlt sich ein professionelles Konto aus. Die erfreuliche Nachricht ist, dass die Insights sowohl bei einem Businesskonto, als auch bei einem Kreator-Profil dieselben sind.

Du findest zum Beispiel Informationen darüber, wie die Geschlechterverteilung bei deinen Abonnenten ist, aus welchem Land sie kommen, wie alt sie sind und wann der Großteil von ihnen online ist. Obendrein siehst Du, welche Posts und Stories die meisten Leute erreichen und mit welchem deiner Beiträge am häufigsten interagiert wird.

Für jedes hochgeladene Bild und Video werden die Impressionen, die Reichweite und die Interaktionen angegeben. Wenn diese Begriffe bei dir für Verwirrung sorgen, sei unbesorgt. Zu einem späteren Zeitpunkt werde ich dir genauer erklären, was es damit auf sich hat. Diese Insights sind eine Chance. Nutze sie, um deine Posts zu optimieren. Voraussetzung hierfür ist, dass Du sie passend interpretierst und verwendest. In dem Kapitel Insights (ab Seite 100) werden wir uns ansehen, wie Du sie für den Aufbau deines Profils und Deiner Community nutzt.

Postfach

Instagram stellt dir ein Postfach zur Verfügung. Mit diesem hast Du die Option, deine Anfragen zu sortieren. Bei einem privaten Account hast Du eine gemischte Inbox. In ihr werden alle Anfragen ungefiltert angezeigt. Bei dem professionellen Postfach, das in „Hauptordner" und „Allgemeines" aufgeteilt wird, hast Du die Möglichkeit, wichtige Nachrichten und Gespräche priorisiert darstellen zu lassen. In deinem Hauptordner, der hier den Ordner für Bevorzugtes darstellt, sind Benachrichtigungen eingeschaltet. Durch sie wirst Du sofort darauf hingewiesen, wenn eine neue Nachricht auf dich wartet. Weniger relevante Gespräche sind problemlos in den allgemeinen Ordner zu verschieben. Du hast dann zu einem späteren Zeitpunkt die Möglichkeit, wieder darauf zurückzugreifen. Hierbei sind Benachrichtigungen stummgeschaltet. Diese Einstellung ist änderbar.

Des Weiteren werden Anfragen gesondert angezeigt. Dabei handelt es sich um direkte Mitteilungen von Menschen, denen Du nicht folgst. Hierbei gibt es zwei Kategorien: Zum einen „Topanfragen“, die Instagram als relevant erachtet und zum anderen „alle Anfragen“. Anfragen, die Spam sein könnten, werden unter „alle Anfragen“ angezeigt. Anfragen von Unternehmen oder andere Anfragen, die von Belang sein könnten, werden unter „Topanfragen“ gelistet. Bekommst Du eine Anfrage, wird diese, bis Du sie akzeptierst, als nicht gesehen dargestellt. Nimmst Du eine Anfrage an, hast Du die Möglichkeit, sie in deiner Mailbox in den Hauptordner oder in den allgemeinen Ordner einzuordnen.

Obendrein steht dir im Postfach ein weiteres Feature zur Verfügung. Anfragen sind nach Eingangsdatum oder Top-Konten sortierbar. Weiterhin besteht die Option, Tastenkombinationen für Schnellantworten festzulegen. Dies ist hilfreich, wenn Du immer wieder dieselben Fragen bekommst. In diesem Sinne ist es nicht erforderlich, jedes Mal denselben Text abzutippen. Klingt nach einer unglaublichen Besonderheit, die im Stande ist, dir einiges zu erleichtert, oder?

Verknüpfung mit einer Facebook-Seite

Mit einem professionellen Konto ist es möglich, deinen Account mit einer Facebook-Seite zu koppeln. Dadurch eröffnet sich die Gelegenheit, Inhalte auf beiden Plattformen zur selben Zeit zu veröffentlichen.

Bezahlte Werbung

Mit einem Businessaccount und Kreator-Account steht es dir frei, Werbekampagnen zu schalten oder einen deiner Beiträge hervorzuheben. Somit erreichst Du mehr Interessenten. Hierzu werde ich später im Kapitel Marketingmaßnahmen gezielter mehr sagen.

Verlinkung mit Kooperationspartnern / der eigenen Homepage

Bei einem Kreator-Konto bist Du in der Lage, Kooperationen mit Firmen direkt über deinem Beitrag zu verlinken. Das ist eine der wenigen Besonderheiten, die dir weder das Business Konto noch ein privates Profil bietet.

Weiterhin bist Du befugt, für jede Art des professionellen Kontos eine Webadresse in der Profilbeschreibung zu hinterlegen, um die eigene Homepage zu promoten, oder zu deinem Shop zu verlinken.

Um die Vorteile zu nutzen, musst Du bei einem professionellen

Konto zwingend ein Impressum angeben. Instagram treibt es hier nicht so weit wie Facebook, welches von dir verlangt, das Impressum direkt auf dem Profil einzubetten. Dennoch empfiehlt es sich, wenn es über wenige Klicks zum Vorschein kommt. Ich rate dir, in deinem Profil einen Link zu setzen, der zu deiner Homepage führt. Dort sind diese Informationen am besten zu finden.

Wählst Du ein professionelles Konto, ist jeder berechtigt, dir zu folgen. Deine Zustimmung ist hierfür nicht erforderlich. Dein Profil ist für alle sichtbar. Doch sei hierbei unbesorgt. Hast Du den Wunsch, dass einzelne Personen Deine Beiträge nicht sehen, hast Du die Möglichkeit, sie zu blockieren.

Ich hoffe, Du hast einen Einblick bekommen, welche Unterschiede die Konten haben und herausgefunden, was sich in deinem Fall am besten eignet.

Du bist bisher nicht so weit?

Kein Problem. Sieh dir in Ruhe die nachfolgende Tabelle an. Dort ist alles Wichtige zusammengefasst.

	Privates Profil		**Professionelles Konto**	
	Öffentlich	*Privat*	*Business*	*Kreator*
Beiträge öffentlich	Ja	Nein	Ja	
Kontaktbutton	Nein		Ja	
Anzahl Postfächer	1	1	2	2
Kategorien angeben	Nein		Ja	
Insights	Nein		Ja	
Eigene Webseite verknüpfen	Nein		Ja	
Partner Webseite verknüpfen	Nein		Nein	Ja
Facebookseite verknüpfen	Nein		Ja	
Werbeanzeigen schalten	Nein		Ja	

Wenn Du dir noch unsicher bist, hab keine Sorge. Entscheidest Du dich für eine Kategorie, ist dies nicht endgültig. Sie ist jederzeit änderbar. Du kannst dich also auch jeder Zeit umorientieren.

Profilbild

Wenn Du dich auf Instagram umsiehst, stößt Du auf viele verschiedene Profilbilder. Verständlicherweise stellt sich sofort die Frage:

Was für ein Profilbild solltest Du wählen?

Dein Profilbild ist das Erste, das dich präsentiert. Egal was Du auf Instagram unternimmst, es ist dieses Bild, das andere zuerst von dir zu sehen bekommen. Verfasst Du Kommentare, erblicken die Menschen dein Profilbild. Folgst Du einer Person, sieht sie es. Schreibst Du jemandem eine Nachricht, dann bekommt er es zu Gesicht, bevor er den Feed erforscht. Dies bedeutet: Ist dein Profilbild abschreckend, werden die meisten Menschen davor zurückschrecken, Dein Profil zu besuchen und dir zu folgen. Daher ist ein ansprechendes Bild die Basis für viele Klicks. Du merkst, es ist unerlässlich, ein wirkungsvolles Profilbild zu wählen.

Was macht ein hochwertiges Profilbild aus?

Es sollte **dich** zeigen! Du repräsentierst mit deinem Profil in erster Linie dich und dein Leben, sowie eine deiner Leidenschaften. In zweiter Linie bewirbst Du dich oder Produkte von Kooperationspartnern. Abonnenten wünschen sich, dich wahrzunehmen. Aus diesem Grund ist es essenziell, dass Du auf deinem Profilbild zu sehen bist. Nicht dein Hund, nicht dein Auto, nicht deine Kinder. Es handelt sich um dein Profil und das sollte auf den ersten Blick erkennbar sein. Menschen folgen Menschen und nicht Dingen. Wähle ein Bild, das dich vorteilhaft darstellt.

weitere Tipps:

Achte auf eine geeignete Belichtung und lächle. Mit einem Lächeln vermittelst Du Sympathie und ziehst mehr Menschen an. Denn wer abonniert gerne eine Person, die griesgrämig schaut? Sicher kennst Du das Sprichwort, ein Lächeln sei der kürzeste Weg zwischen zwei Menschen. Nutze diesen Vorteil, um andere von dir zu begeistern.

Wichtig ist, dass Du darüber nachdenkst, was dein Profilbild und dein Profil im Ganzen aussagen soll. Dies sollte zueinander passen.

Beachte die Einheit von Profilbild und Inhalt deines Accounts. Die Fotos sollen optisch eine Harmonie erzeugen, einen ähnlichen Farbton oder dieselbe Struktur haben. Du hast keine Ahnung, was ich damit meine? Keine Sorge, gleich werde ich es dir anhand von Beispielen zeigen.

Eine Person im Beautybereich benötigt ein anderes Profil, als ein Fotograf oder Autor. Bist Du zum Beispiel im Fitnessbereich tätig, als Fitnessblogger, Model oder Trainer, dann bist Du gut damit beraten, dies in deinem Profilbild zu zeigen. Speckröllchen werden dir in dem Fall nicht weiterhelfen. Aber das ist dir sicher klar. Wähle stattdessen ein Bild, dass dein Gesicht zeigt und einen Teil deines fitten Körpers in Szene setzt. Zum Beispiel deine definierte Armmuskulatur.

Du bist unsicher, wie Du die Theorie in die Praxis umsetzt? Kein Grund zur Sorge. Ich zeige dir anhand von zwei Beispielen, wie es gelingt. Bei diesem und folgenden Beispielen empfehle ich dir, dein Handy zur Hand zu nehmen und es dir direkt auf Instagram anzusehen.

Als erstes Beispiel zeige ich Dir @belindabenna:

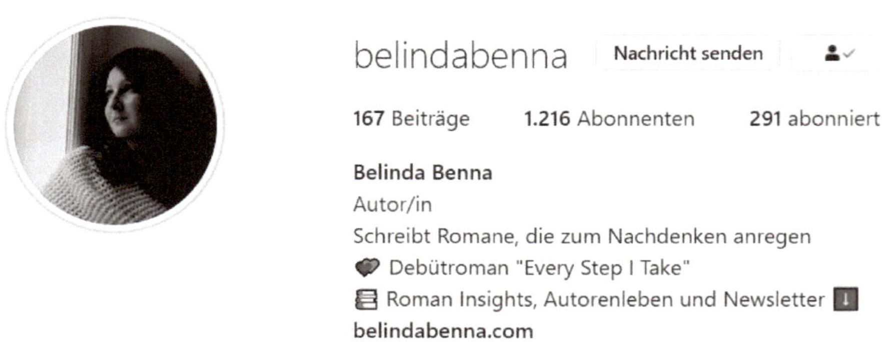

Das Profilbild ist nachdenklich und verträumt. Was würde besser zu der Beschreibung „Schreibt Romane, die zum Nachdenken anregen“ passen?

Bei dem zweiten Beispiel nehmen wir das Profil von @yasminxaylin:

Das Profilbild und die Beschreibung harmonieren perfekt. Yasminxaylin wirkt auf ihrem Bild selbstsicher und fröhlich. Sie strahlt das Empowerment aus. Man denkt sich sofort: „Ja, das will ich auch haben.“ Darunter finden wir weitere Informationen. Wer auf diesen Feed stößt, ist sofort damit vertraut, was er hier findet.

Falls dir die Beispiele nicht ausreichen, mach dich einmal auf die Suche und sieh dir erfolgreiche Profile aus deiner Nische an.

Profilbeschreibung

Vor gar nicht allzu langer Zeit war es normal, ständig Visitenkarten für sein Business bei sich zu tragen. So war man jederzeit in der Lage, sich kurz vorzustellen. Die Kärtchen haben das Unternehmen knapp, treffend und vorteilhaft dargestellt.

Heute, im Zeitalter der Digitalisierung, verlegen sich eine Menge Businessprozesse, Marketingprozesse und Tätigkeiten, die zuvor nur vor Ort auszuführen waren, in Richtung des Internets. Offline- und Onlineaktivitäten verschmelzen immer weiter miteinander. Mit steigender Tendenz lösen Social-Media-Plattformen die klassische Visitenkarte ab. Mittlerweile ist für viele Unternehmer das Instagram-Profil das Aushängeschild schlechthin. Egal ob Firma, Künstler, Autor oder Influencer.

Wenn Du Dir die Frage stellst, was Du in die Profilbeschreibung packst, dann überlege, was Du auf eine Visitenkarte schreiben würdest.

Was beschreibt Dich und Dein Business am besten?

Keine Sorge, mit dieser Frage bist Du nicht alleine. Lass uns gemeinsam ein Gedankenexperiment durchführen. Stell dir vor, Du bist im Marketing eines Konzerns tätig, der Fitnesskleidung herstellt. Dafür suchst Du nach geeigneten Influencern, die die Produkte der

Firma repräsentieren und über Instagram an den Mann / an die Frau bringen sollen.

Du nippst genüsslich an Deinem Kaffee und klickst dich durch die endlosen Weiten von Instagram. Dann landest Du auf einem Profil, welches dir bisher unbekannt war. Was ist das Erste, das dir ins Auge sticht? Und ausschlaggebend dafür ist, ob Du dir die Person näher anschaust? Und warum würdest Du umgekehrt bei einem anderen Profil weiterklicken? Du stimmst mir sicher zu, dass zuerst die Profilbeschreibung Aufmerksamkeit erregt. Sie gibt dir sofort Auskunft darüber, ob jemand für die Aufgabe geeignet ist.

Zurück zu dir. Wie stellst Du dich dar, damit Du bei potenziellen Auftraggebern Interesse weckst?

Da die Biographie oben im Profil über dem eigentlichen Feed angezeigt wird, stößt sie auf massenhaft Aufmerksamkeit. Niemand wird sich die Zeit nehmen, deinen Feed durchzusehen, wenn ihn dein Profil auf den ersten Blick nicht anspricht.

Du hast mittlerweile sicher erkannt, wie fundamental eine aussagekräftige Beschreibung ist. Sehr gut! Bewegen wir uns weg von der Frage: „Warum ist die Profilbeschreibung wichtig?“ Und widmen uns Folgendem:

Wie gestalte ich meine Profilbeschreibung denn nun richtig?

Ein paar Punkte sind hierbei zu beachten:

- Formuliere sie kurz, aber aussagekräftig.
- Beschreibe in so wenigen Worten wie möglich bzw. Stichpunkten, wer Du bist und worum sich dein Profil dreht.
- Sei authentisch.
- Peppe das Ganze gerne mit Emojis auf. Sie lassen deine Profilbeschreibung augenblicklich attraktiver aussehen, der Text wirkt freundlicher und ansprechender. Wähle Emojis, die zu den Inhalten passen, die Du postest oder die für dich von Bedeutung sind. Hier gilt, weniger ist mehr. Verwende beispielsweise für jede Zeile in deiner Biographie am Zeilenanfang ein Emoji oder Symbol.

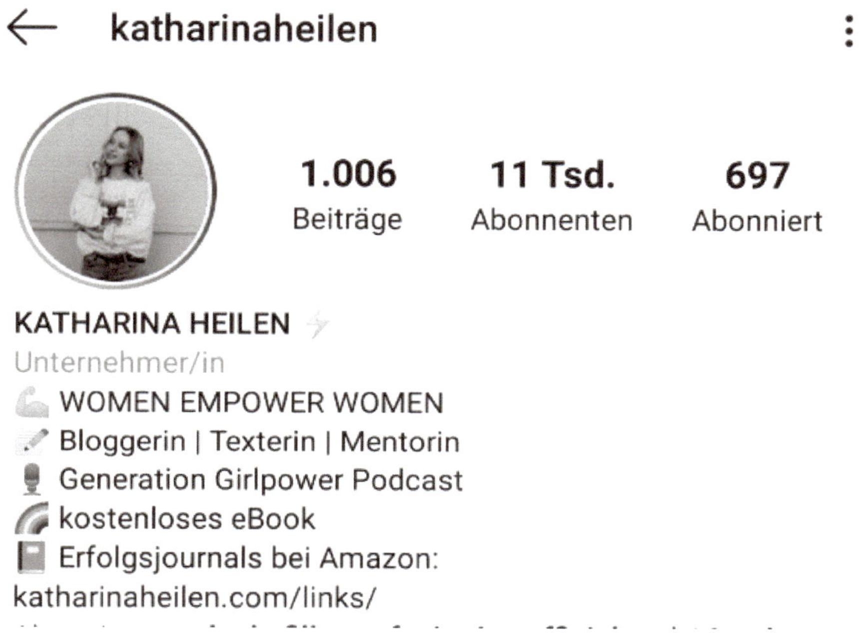

Bei diesem Profil siehst Du, wie eine geglückte Profilbeschreibung aussieht. Die Biographie ist passend strukturiert, anschaulich und aussagekräftig. Du hast beim Betrachten ein Gefühl dafür, worum es sich auf diesem Profil dreht. In der ersten Zeile findest du ihre Mission „Women empower Women“. Damit kennst du ihr Ziel. Darunter erfährst Du, wie sie das macht. In ihrer Funktion als Bloggerin, Texterin und Mentorin. Darauffolgend erhältst Du Informationen darüber, was sie anbietet. In der Beschreibung ist alles wissenswerte und interessante enthalten. Die einzelnen Zeilen werden mit Emojis eingeleitet. Dies macht es strukturierter und freundlicher.

Checkliste und Zusammenfassung: Profil

- Wähle ein professionelles Konto (Kreator oder Business, je nach deinen Bedürfnissen).
- Profil = Visitenkarte.
- „Menschen folgen Menschen."
- Wähle ein Profilbild, das vorteilhaft belichtet ist, dich lächelnd / charmant zeigt und zu deinem Profilinhalt passt
- Wähle eine Profilbeschreibung, die authentisch, kurz und aussagekräftig ist

Posts

Inzwischen hast Du Wissen darüber, wie Du dein Profil ansprechend gestaltest. Gehen wir den nächsten Schritt und widmen uns den Inhalten des Feeds. Denn sie sind das, worum sich dein Instagram-Dasein dreht. Falls Du neu bist und nicht weißt, wie man einen Post erstellt, hab keine Angst! Es ist easy. Bist Du in der Instagramapp, befindet sich unten eine Leiste. In der Mitte siehst dort Du ein Symbol mit einem „+“. Klickst Du darauf, ist ein Bild auszuwählen. Nach der Auswahl hast Du die Gelegenheit, es zu bearbeiten und eine Beschreibung hinzuzufügen.

Was soll ich posten?

Eine elementare Frage, die Du dir sicher längst gestellt hast, ist: Was soll ich posten? Eine allgemeine Antwort darauf gibt es nicht. Ich kann dir nicht sagen, uploade dies oder das und Du wirst garantiert erfolgreich damit werden. Das wäre ja zu einfach, oder? Trotzdem lasse ich dich mit dieser Frage nicht allein.

Zu beachten sind ein paar allgemeine Punkte. Diese sehen wir uns im Folgenden gemeinsam an. Überlege dir zuerst, was Dein Ziel mit deinem Profil ist.

Was willst Du aussagen? Mit welchen Themen beschäftigst Du dich? Hast Du das Bestreben, ein persönliches Branding aufzubauen?

Möchtest du ein **Personal Branding** aufbauen, ist es ungeheuer wichtig, dass Du Bilder von dir hochlädst. Deckst Du ein spezifisches Thema ab? Dann poste zu diesem. Ist deine Leidenschaft zum Beispiel das Alleine-Reisen in Süd-Ost-Asien, dann zeige Bilder, auf denen Du dort alleine reist. Wichtig ist, dass dein Profil einheitlich ist. Konzentriere dich daher auf eine Thematik. Es ist nicht effektiv Inhalte zu Natur, Essen, zu dir und anderem zu posten, wenn Du anstrebst, ein Personal Branding aufzubauen.

Überlege dir, was dein Profil aussagen soll.

Welche Zielgruppe möchtest Du erreichen?

Einheitliche Profile sprechen mehr an als ein bloßes Durcheinander verschiedener Themen. Bevor Du mit deinem Feed startest, überlege dir präzise, welche Menschengruppe Du ansprechen möchtest.

Worüber wirst Du posten? Was ist deine Leidenschaft oder die Rubrik, in die sich dein Business einordnen lässt?

Du kennst deine Leidenschaft? Perfekt! Damit bist Du auf jeden Fall einen großen Schritt weiter. Leider ist das alleine nicht genug. Aber keine Sorge, ich verrate dir gleich die zentrale Geheimzutat für deinen Erfolg. Bist Du bereit?

Der gar wichtigste Tipp: Überlege dir eine Nische, die so spezifisch wie möglich ist. Nicht zu groß und nicht zu klein. Wählst Du eine zu große Nische, wird es für dich als Neuling schwierig sein, Erfolg zu haben. Wählst Du eine zu kleine Nische, bedienst Du eine Zielgruppe, die in jedem Fall zu klein ist.

Zum besseren Verständnis nenne ich dir ein paar Beispiele.

Hast Du vor, dich im Fitnessbereich zu bewegen, so ist diese Nische noch nicht eindeutig genug. Überlege, welche Unterkategorie dich anspricht. Zum Beispiel Yoga. Dies ist jedoch ebenfalls noch nicht spezifisch genug, gehe tiefer. Welche Yogaart ist es, die Du betreibst? Hast Du das festgelegt, hast Du eine Unternische gefunden, in der Du dein Profil aufbauen kannst. Zu klein wäre hierbei, wenn dein Thema z.B. Yoga am Meer für alleinerziehende, übergewichtige Japaner ist. Das ist zu spezifisch und niemand würde speziell danach suchen.

Bewegst Du dich im Beautybereich, wirst Du untergehen, wenn Du kreuz und quer alle möglichen Inhalte postest, die damit zu tun haben. Überlege dir hier, welche spezifischere Nische Du ansprichst. Ist es speziell Kosmetik für alternde Frauen? Ist deine Mission, Personen mit unreiner Haut ansprechen? Oder bist Du Feuer und Flamme für Hochzeitslooks? Hierbei wäre es zu klein, wenn Du nur die Nische „extravagante, knielange Partykleider für 30-jährige blonde Mütter mit Cellulite" bedienst. Das würde niemand so spezifisch suchen.

Denk reichlich darüber nach, in welcher Nische Du dich bewegen willst und fange dann an, in dieser zu posten. Es empfiehlt sich, mit einer sehr spezifischen Nische den ersten Schritt zu machen und sich vorzunehmen, diese zu dominieren. Hast Du eine Nische ausgeschöpft und gemeistert, bist Du in der Lage, diese zu vergrößern.

Überlege dir einen roten Faden und halte dich daran. Wenn sich dieser im Laufe der Zeit ändert, ist das nicht dramatisch. Es geht darum, dass Du nicht zu viele verschiedene Inhalte postest. Hierfür lege ich dir ans Herz, dir Profile von anderen anzusehen, die das repräsentieren, mit dem Du dich identifizierst. Diese findest Du am einfachsten durch die Suche, indem Du Schlüsselwörter eingibst, die zu deinen Interessen passen. Nun erscheinen bereits einige Profile, die sich damit beschäftigen. Es ist zusätzlich möglich, unter Hashtags nach Profilen zu suchen, die Inhalte zu diesem Thema posten. Auf diesen empfiehlt es sich, Recherche zu betreiben und herauszufinden, was gut ankommt und dir wertvolle Anregungen zu holen. Schau, welche Bilder und Texte die meisten Likes und Kommentare erhalten. Dadurch siehst Du, was Interesse weckt und zum Interagieren anregt. Dies heißt nicht, dass Du eine andere Person kopieren sollst. Anregungen zu holen ist jedoch unglaublich wertvoll.

Die wichtigsten Tipps:

- Sprich über deine Leidenschaft
- Finde deine Nische
- Schildere dein Warum
- Erzähle deine Geschichte
- Biete Mehrwert
- Stelle dich authentisch dar, mitsamt deinen Fehlern
- Zeige deine einzigartige Persönlichkeit

Welche Bilder soll ich posten?

Inzwischen weißt Du gezielt, wo Du hinwillst. Jetzt thematisieren wir die Gestaltung der Bilder. Abgesehen von Zielgruppe und Nische, ist zusätzlich zu beachten, dass dein Feed optisch einheitlich und ansprechend aussieht.

Auf der folgenden Seite findest du ein gelungenes Beispiel für einen einheitlichen Feed.

lina.liw
RABATT
Story Filter
Story Editing
Before/After
Making-Of

Du siehst bei dem Feed von @lina.liw, dass alles farblich aufeinander abgestimmt ist. Es ergibt sich ein attraktives Gesamtbild. Aber wie erreichen sie das? Wie schaffen sie es, ihre Feeds trotz der unterschiedlichen Fotos einheitlich aussehen zu lassen?

Die Basis: Bilder

Die Bilder in deinem Feed sollten qualitativ hochwertig sein. Achte darauf, dass die Belichtung günstig ist und sie weder verpixelt noch verschwommen sind. Je besser deine Bilder sind, desto besser ist Dein Auftritt. Somit steigt deine Chance, Aufmerksamkeit zu bekommen. Da Instagram eine visuelle Plattform ist, ist nachvollziehbar, dass die Bilder von entscheidender Bedeutung sind. Es gelten die besprochenen Grundregeln. Beim Inhalt deiner Bilder ist es bedeutsam, dass sie im Zusammenhang mit der Aussage deines Profils stehen. Achte darauf, dass die Bilder ein geschlossenes Gesamtbild ergeben.

Weiterhin macht es Sinn, die Interaktionen und Reaktionen einzelner Bilder zu prüfen. Dadurch bist Du im Stande, zu entdecken, was deine Abonnenten anspricht. Dies kannst Du dann bei weiteren Posts berücksichtigen. Mit diesem Thema werden wir uns später genauer auseinandersetzen.

Der Feinschliff: Planung

Es ist empfehlenswert, dir vorher zu überlegen, wie dein Feed aussehen soll und vorauszuplanen. Es gibt ausgezeichnete Apps, die dir das erleichtern. Zum Beispiel *Planoly* oder *Preview.* Fügst Du mehrere Bilder ein, siehst Du, wie dein Feed dann wirkt. Dadurch erkennst Du, ob die Bilder miteinander harmonieren. Sowohl visuell und farblich, als auch inhaltlich. Oder ob sie nicht zueinander passen und Du etwas daran ändern solltest. Du hast die Möglichkeit, zu schauen, welche Reihenfolge dir am besten gefällt und bekommst dadurch Anregungen, wie Du sie optimieren kannst.

Der Geheimtrick: Filter

Wenn Du einen Foto-Filter verwendest, schaue, dass es immer derselbe ist und dein Profil einheitlich aussieht. Der Eindruck ist dadurch professioneller. Ein Mischmasch aus verschiedenen Filtern kann unbestritten aufregend sein, beeinflusst jedoch den Feed negativ. Entscheide dich für das, was dir am besten gefällt.

Welchen Touch sollen Deine Bilder haben? Setzt Du auf intensive Farben? Pastelltöne? Helle oder dunkle? Freundliche und warme Farben? Oder fühlst Du dich doch mehr zu melancholischen oder kalten Farben hingezogen?

Wenn wir uns mit Foto-Filtern beschäftigen, rate ich dir davon ab, die Filteroptionen auf Instagram zu benutzen. Ich empfehle dir, stattdessen auf externe Bildbearbeitungsprogramme wie beispielsweise Lightroom zurückzugreifen. Dort gibt es zahlreiche Filter, die Du anpassen und speichern kannst. Damit bist Du im Stande, jedes deiner Bilder mit dem gleichen Filter zu bearbeiten.

Weißt Du nicht, wie Du einen passenden Filter für deine Beiträge findest, hast Du die Möglichkeit, im Internet zahlreiche „Presets“ (Voreinstellungen) herunterzuladen. Diese gibt es auch speziell für Lightroom.

Möglicherweise hast Du Feeds entdeckt, deren Bilder einen Text beinhalten und fragst dich, ob es sich lohnt, das ebenfalls zu integrieren. Es gibt Profile, bei denen das sinnvoll ist. Zum Beispiel, wenn es hauptsächlich um den Inhalt dieser Texte geht oder bei einer Seite, bei der sich alles um Zitate dreht. Ansonsten solltest du eher darauf verzichten. Bilder mit Text werden in ihrer Reichweite eingeschränkt. Dies liegt daran, dass Instagram nicht kontrollieren kann, welcher Text auf dem Bild steht und ob sich dieser an die Richtlinien hält. Auf der sicheren Seite bist du, wenn du ein reines Bild verwendest und deinen Text in die Bildbeschreibung einfügst.

Du hast zwar viele Freiheiten, was die Gestaltung des Instagram-Profils angeht, beachte trotz alledem ein paar Punkte.

Postest Du Bilder, auf denen andere Menschen zu sehen sind, brauchst Du die Erlaubnis der anderen Person.

Bilder dürfen keine Gewalt darstellen oder verherrlichen und keine rechts- und verfassungswidrigen Inhalte zeigen. Das heißt, sie dürfen keinen Hass beherbergen, Rassismus, Drohungen, andere Personen erniedrigen oder beschämen und keine persönlichen Daten enthalten.

Verherrliche keine Themen wie beispielsweise selbstverletzendes Verhalten, Essstörungen oder Rauschgiftabhängigkeit.

Ebenfalls ist es nicht zulässig, ein Bild zu posten, das eine andere Person angefertigt hat. Du benötigst immer das Recht an dem Inhalt, den Du auf Instagram postest. Verwende ausschließlich deine eigenen Bilder. Bilder von anderen dürfen nur mit erteilter Erlaubnis des Eigentümers gepostet werden. Verwendest Du Bilder oder Texte eines anderen, ist der Urheber klar zu kennzeichnen. Sicher hast Du schon etwas von Urheberrecht gehört. Dies besagt, dass es nicht zulässig ist, das geistige Eigentum eines anderen zu verbreiten. Verwendest Du Textausschnitte oder Zitate, sind diese ebenso zu kennzeichnen.

Bilder, die Du postest, dürfen nicht gegen das Recht anderer verstoßen. Unzulässig ist, jemanden bloßzustellen, zu beleidigen oder in anderer Form zu schaden. Sensible Informationen sind ebenfalls nicht erlaubt.

Nacktheit darstellen ist ebenfalls verboten. Bilder im Bikini sind okay, alles darüber hinaus führt unter Umständen zu einer Ermahnung, einem Bann (dazu später im Kapitel Banns mehr) oder im schlimmsten Fall zu einer Accountsperrung.

Welche Bildunterschriften soll ich posten?

Du hast bereits wertvolle Anregungen und Tipps erhalten, was die Bilder angeht. Damit allein ist es jedoch noch nicht getan. Zu jedem Bild, das Du postest, fordert Instagram dich auf, eine Beschreibung einzufügen.

Sofort stellt sich eine Vielzahl an Fragen: Was soll ich unter die Bilder schreiben? Welche Bildunterschrift ist brauchbar? Und: Ist überhaupt eine notwendig?

Hier kommen die Antworten:

Poste Bildunterschriften, die zum Bild passen. Es macht zum Beispiel keinen Sinn, ein Auto zu posten und gleichzeitig über Katzen zu schreiben.

Gib in deiner Beschreibung mehr Informationen zu dem Bild. Nehmen wir hierfür zum Beispiel ein Reisebild. Hierbei könntest Du beschreiben, wo Du warst und wie es dir dort gefallen hat. Schildere deine persönlichen Eindrücke und Erlebnisse. Sprich über Themen, die zu deinem Feed passen und deine Zielgruppe interessieren könnten.

On top kannst Du dir überlegen, was einen Mehrwert darstellt. Lediglich hübsche Bilder zu posten, bringt dir gewiss ein paar Abonnenten. Beabsichtigst Du, abgesehen davon ein breites Publikum zu begeistern, ist es erforderlich, dass Du ihnen mehr als das bietest.

Stell dir die folgenden Fragen:

- Wie kannst Du deinen Abonnenten helfen? Ist es durch Erfahrungen? Durch eigene Erlebnisse? Mit Hilfe von Tipps? Anregungen? Oder durch Inspiration?
- Was kannst Du mit deinen Followern teilen? Was weckt ihr Interesse? Was spricht sie an?
- Was ist erzählenswert? Welche Geschichten sind relevant?

Wenn Du auf deinem Profil Werbung betreibst, ist darauf zu achten, dass nicht jeder Post von Werbeanzeigen überschwemmt ist. Selbst wenn es für eine eigene Sache ist, gibt es einen groben Richtwert. Diesen lege ich dir sehr ans Herz. Es handelt sich um das Paretoprinzip, auch das 80/20 Prinzip genannt. Poste 80% Mehrwert und 20% Werbung. Menschen gefällt es nicht, wenn sie die ganze Zeit Advertising erhalten. Zeige, dass Du nicht lediglich darauf aus bist, Geld zu verdienen, sondern überzeuge sie, dass Du ihnen im Gegenzug einen Mehrwert zu bieten hast. Du wirst sehen, je bedeutender der Mehrwert, den Du den Leuten eröffnest, desto größer wird dein Erfolg sein. Schaffst Du es darüber hinaus, andere emotional anzusprechen, werden die Menschen dir gerne folgen.

An diesem Punkt empfehle ich, Fragen in die Bildbeschreibung mit einzugliedern. Wenn Du eine Frage unter einem Bild veröffentlichst, werden deine Abonnenten angeregt, hierauf zu antworten. Dies ist förderlich für dich. Du erzielst damit Interaktionen und in Folge dessen erhöhst Du deine Chance, von mehr Menschen gefunden zu werden. Am besten eignen sich Sachverhalte, zu denen jeder einen Bezug hat. Spezifischere Fragen werden weniger Beachtung bekommen, als solche, die ohne Weiteres zu beantworten sind. Nehmen wir hierfür wieder das zuvor genannte Beispiel. Postest Du ein Bild von einem Ort, kannst Du fragen: Wart ihr ebenfalls schon mal dort? Welche Orte besucht ihr gerne? Schreibst Du ausführlichere Bildbeschreibungen, ist eine Frage mühelos zu integrieren. Zu empfehlen sind dabei der Anfang oder das Ende des Textes.

Bei einer längeren Beschreibung ist es ratsam, den Text gut zu strukturieren. Ein einziger Block wirkt meist eher abschreckend. Dies bewirkt unter Umständen, dass er nicht gelesen wird. Das wäre doch ein Jammer, wenn Du dir schon die Mühe machst, einen aussagekräftigen Text zu schreiben, oder? Durch das Einfügen von Absätzen wirkt es gleich ansprechender und ist zusätzlich weniger anstrengend zu lesen.

Ich hoffe, Du hast erfasst, dass nicht einzig und allein die Auswahl der Bilder, sondern ebenfalls die Bildbeschreibungen einiges an Überlegung und Einsatz erfordern. Für den Fall, dass dir einmal absolut nichts einfällt, hast Du die Möglichkeit, einen ansprechenden Spruch oder eine Lebensweisheit miteinzubinden. Vergiss nicht, den

Verfasser des Zitates zu erwähnen. Hier ein Wort der Warnung: Je weniger Mühe Du dir gibst, desto schwieriger wird es sein, Abonnenten an dich zu binden.

Wenn Du beabsichtigst, in der Meisterklasse mitzuspielen, solltest du dich an einem der gängigsten Marketingkonzepte orientieren.

Dem Storytelling.

Ein Großteil der Werbebranche arbeitet mit diesem Konzept. Es handelt sich dabei um eine ausgereifte Methode, Inhalte in emotional ansprechende Texte zu verpacken.

Die Grundidee ist dabei simpel. Wenn Du es Dir aufmerksam ansiehst, wirst Du das erkennen.

Zu diesem Zweck ein Beispiel von @belindabenna (gepostet am 29.12.2019 im Rahmen eines Jahresrückblicks, das einzelne Highlights zeigt).

> 13. Juli 2019
> Hinter dem Fenster vor meinem Schreibtisch brennt die Sonne vom Himmel, die Luft über dem Asphalt flimmert. Niemand ist zu sehen, auch nicht die Katze, die sonst ständig durch die Gasse streunt. Es ist zu heiß, um zu denken, aber das ist jetzt nicht wichtig. Weil ich schon weiß, was in wenigen Sekunden passieren wird. Und dass ich diesen Augenblick auskosten werde, als wäre er sonst für immer verloren. Mit einem Lächeln im Gesicht wende ich mich meinem Laptop zu, tippe das letzte Wort und setze den letzten Punkt.
> Mein Debütroman ist geschrieben und eines weiß ich ganz genau. Dieses Gefühl will ich mein Leben lang nicht mehr vergessen.
>
> Jetzt bist du dran. Welcher Moment aus 2019 soll für dich unvergessen bleiben?

Im Grunde hat dieser Post zwei echte Nachrichten: Belinda arbeitet an ihrem Debütroman und sie hat einen Newsletter. Nicht mehr und nicht weniger. Sie hätte vereinfacht auch nur Folgendes schreiben können: „Am 13.07.2019 habe ich den ersten Entwurf meines Debütromans beendet. Das war sehr schön. Übrigens, einen Newsletter habe ich auch.“ Stattdessen hat sie diese Informationen in eine Geschichte verpackt, die ihre Leser auf der emotionalen Ebene anspricht. Sie nimmt die Abonnenten mit in den Moment und zeigt, wie sie ihn persönlich erlebt hat. Damit bekommt der Inhalt (ihr

Debütroman ist geschrieben) eine ansprechende Verpackung. Gleichzeitig schafft sie es, ihren Newsletter zu promoten.

Ich hoffe, dieses Beispiel hat verdeutlicht, was es mit dem Storytelling auf sich hat. Es lässt sich auf alle Themenbereiche anwenden. Egal ob Fitness, Reisen, Beauty oder Fashion. Überlege dir erst, welche Information Du transportieren willst und dann, wie Du sie ansprechend verpackst.

Inzwischen weißt Du alles, was für eine gelungene Bildbeschreibung nützlich ist. Was noch fehlt, sind die Hashtags. Diese sind am besten am Ende einzufügen, damit sie den Textfluss nicht stören. Auf dieses Thema werde ich später im Kapitel Hashtags genauer eingehen.

Wie erreiche ich mehr Menschen mit meinen Posts?

Du benutzt Instagram in der Hoffnung auf eine große Reichweite. Doch wie schaffst Du es, diese aufzubauen?

Eins vorweg, legst Du Wert darauf, Instagram professionell und nachhaltig zu betreiben, ist das nicht von heute auf morgen zu schaffen. Um ehrlich mit dir zu sein, es ist einiges an Arbeit erforderlich. Über Nacht berühmt zu werden, ist pures Wunschdenken. Hinter jedem erfolgreichen Account steckt harte Arbeit und vor allem Ausdauer.

Was ist also konkret zu tun, um Reichweite aufzubauen?

- Verwende die richtigen Hashtags
- Poste regelmäßig, am besten einmal am Tag
- Hebe dich durch die Qualität deiner Posts hervor
- Biete Mehrwert
- Sei präsent
- Analysiere deine Posts, um sie zu verbessern
- Interagiere mit anderen Profilen

Das mag im ersten Moment überwältigend erscheinen und dich überfordern, aber keine Sorge. Wenn Du dieses Buch gelesen hast, wirst Du alles Wichtige wissen und in der Lage sein, es anzuwenden.

Wie schaffe ich es in die Top Posts?

Wenn Du schonmal nach Hashtags gesucht hast, ist dir mit Sicherheit aufgefallen, dass es dort zwei Rubriken gibt. Diese sind in *Top Posts* und *aktuelle Posts* gegliedert.

Bei den *aktuellen Posts* werden alle Beiträge, die einen Hashtag verwenden, chronologisch gelistet. Das bedeutet, dass die neusten Beiträge oben angezeigt werden und sie beim Scrollen nach unten immer älter werden.

Top Posts zeigen die aktuell angesagtesten Inhalte zu einem Hashtag an. Welche Beiträge dort gelistet werden, wird vom Instagram Algorithmus berechnet. Wie dieser exakt funktioniert, bleibt das Geheimnis von Instagram. Es gibt eine Vielzahl von Aspekten, die darauf einwirken und ich verrate dir, welche es sind.

Wie weit nach oben es dein Post schafft, hängt von verschiedenen Faktoren ab. Am entscheidendsten für das Ranking ist die Performance deines Beitrages in den ersten 20 bis 40 Minuten nach dem Veröffentlichen. Reagieren in diesem Zeitraum viele auf den Post durch Likes, Kommentare, Teilen und Speichern, wird der Beitrag als relevant markiert und somit mehr Menschen angezeigt.

Wenn in der ersten Zeit viele mit deinem Beitrag interagieren, „denkt" der Instagram-Algorithmus so etwas wie:

„Ohh, brandneuer Content und er bekommt viel Aufmerksamkeit. Den pushen wir, da er wichtig/relevant sein muss."

Je mehr Menschen mit deinen Beiträgen interagieren, desto höher ist deine Chance, in den Top Posts zu landen. Die Anzahl deiner Interaktionen ist nicht das einzig Ausschlaggebende. Wesentlich ist im gleichen Sinne das Verhältnis von Reichweite zu Interaktionen, die Du mit einem Beitrag erzielst. Diese sind in deinen Insights zu sehen. Mit Reichweite ist die Anzahl der unterschiedlichen Konten gemeint, die deinen Beitrag sehen.

Die Interaktionsquote wird durch den Quotienten von Likes und Kommentaren und der Anzahl der Abonnenten berechnet.

Hierzu ein Beispiel. Nehmen wir an, Du hast eine Reichweite von

5.000. Du postest etwas und das Bild erreicht 500 Likes und durch das Wirken deiner aktiven Community 20 Kommentare. Ein anderes Profil mit einer Reichweite von 10.000 unterschiedlichen Konten postet zur selben Zeit unter demselben Hashtag, hat 600 Likes, jedoch lediglich 10 Kommentare. Um zu verstehen, wer von euch in den Top Posts weiter oben angezeigt wird, berechnen wir die Interaktionsrate.

Für deinen Post wäre das:

520/5.000 = 0,10 = 10 %

Für den Post des anderen Feeds:

610/10.000 = 0,06 = 6 %

Das bedeutet, dass während mit deinem Post jedes 10. erreichte Konto interagiert hat, nicht mehr als jeder 16. Betrachter mit dem anderen Post agiert hat. Instagram wird demzufolge deinen Post weiter oben anzeigen. Deine Abonnentenzahl ist hierbei nicht relevant. Selbst wenn Du wenige Abonnenten hast, diese aber überaus aktiv sind, ist deine Interaktionsrate beträchtlich und Du wirst nach vorne gereiht.

Ein Wermutstropfen dabei ist, dass mit wachsender Abonnentenzahl die Interaktionsrate üblicherweise sinkt.

Gute Interaktionsraten sind:

<1.000 Abonnenten:	8,0%
Zwischen 1.000 und 5.000 Abonnenten:	5,7%
Zwischen 5.000 und 10.000 Abonnenten:	4,0%
Zwischen 10.000-100.000 Abonnenten:	2,4%
>100.000 Abonnenten:	1,7%

Diese Rate ist ein Maß dafür, wie viel Aufmerksamkeit Du auf Instagram erhältst und ob Du in die Top Posts gelangst. Analysierst Du die Interaktionsrate, siehst Du, wie dein Profil im Vergleich zu anderen abschneidet. Wenn Du dir nicht zutraust, das selbst zu berechnen, empfehle ich Dir die Seite ninjalitics.com zu verwenden.

Wie Du siehst, ist es nicht erforderlich, dir am Anfang den Kopf darüber zu zerbrechen, dass Du nicht viele Abonnenten hast, da diese Zahl nicht ausschlaggebend für den Erfolg deines Beitrags ist. Sogar eine Person mit 500 Followern ist in der Lage, sich gegen ein größeres Profil zu behaupten. Vorausgesetzt, viele Menschen interagieren mit den Posts.

Anregungen, wie Du mehr Interaktionen erreichst:

- Poste zur richtigen Zeit (in den Insights siehst Du, wann die meisten Abonnenten online sind).
- Poste in der Story, wenn Du einen neuen Beitrag veröffentlichst.
- Markiere Menschen, die sich für deinen Post interessieren könnten.
- Poste zu ähnlichen Zeiten, sodass deine Abonnenten wissen, wann sie mit einem neuen Beitrag von dir rechnen können und sodass sie schneller damit interagieren können.
- Rege durch integrierte Fragen in deiner Bildbeschreibung dazu an, einen Kommentar zu verfassen.

Checkliste und Zusammenfassung: Posts

Bevor Du startest, überlege dir Antworten auf folgende Fragen:

- Was ist deine Leidenschaft?
- Welche Zielgruppe sprichst Du an?
- Welchen Mehrwert bietest du?

Wähle für deine Posts Bilder, die:

- Hochwertig und ansprechend sind
- Zueinander passen (Stichwort: einheitlicher Feed)
- Nicht gegen die Richtlinien verstoßen

Wähle für deine Posts Bildbeschreibungen, die:

- Thematisch zu deiner Nische passen
- Mehrwert bieten
- Zum Bild passen
- Deine Abonnenten zur Interaktion auffordern (Fragen)
- Das Konzept Storytelling nutzen
- Die 80/20 Regel für Werbung beachten

Erhalte für deine Posts mehr Reichweite durch:

- Die Verwendung der richtigen Hashtags
- Regelmäßiges Posten
- Qualitätsvolle Posts mit Mehrwert
- Präsenz
- Analyse und Verbesserung der Posts
- Interaktionen mit anderen Profilen

Erhalte für deine Posts mehr Interaktionen durch:

- Posten zum richtigen Zeitpunkt
- Storyposts
- Personentagging
- Integrierte Fragen im Post

Stories

Die Story-Funktion ist ein Feature, das im Vergleich zu der Nutzung des Postens im Profil weniger genutzt wird, aber keineswegs zu unterschätzen ist. Hier zeige ich dir, worum es sich dabei handelt und wie du das Beste für dich herausholst.

Was sind Stories?

Stories werden auf Instagram im oberen Bereich angezeigt und sind ein Weg, Momente aus Deinem Leben zu zeigen. Etwas, das Du schön findest. Etwas, das Dich beschäftigt. Etwas, bei dem Du das Bedürfnis verspürst, es zu teilen. Wenn es nicht in den Feed hineinpasst, hast Du die Möglichkeit, es in der Story mit Deiner Community zu teilen. Sie sind jeweils für 24 Stunden sichtbar, im Anschluss werden sie gelöscht beziehungsweise in Dein Archiv verschoben.

Falls Du nicht weißt, wie Du die Story-Funktion nutzt, hier eine kurze Erklärung. Wenn Du Instagram öffnest und zur Startseite klickst, findest Du über den Beiträgen Kreise mit den Bildern von Menschen, denen Du folgst. Klickst Du auf einen der Kreise, siehst Du die Story dieser Person.

Oben links siehst Du ein Bild von dir, unter dem steht: „Deine Story“. Zum Posten ist es erforderlich, ein paar Sekunden diesen Kreis zu berühren. Dann erscheint ein Fenster, auf dem Du zwischen folgenden Optionen auswählen kannst:

- In deiner Story posten (wählst Du diese Option, ist deine Story für jeden sichtbar).
- Liste deiner engen Freunde bearbeiten (wählst Du diese Option, hast Du die Möglichkeit Personen festzulegen, die die Story sehen können).

Wozu brauche ich Stories?

Stories sind von enormer Bedeutung beim Aufbau deiner Instagram-Seite. Besonders, wenn Du dir ein Personal Branding schaffen willst, ist es unerlässlich, regelmäßig eine Story hochzuladen. Ich rate dir, mindestens einmal am Tag eine Story zu posten. Effektiver ist es allerdings, wenn Du in regelmäßigen Abständen etwas hochlädst. Empfehlenswert ist ein Zeitabstand von 3 Stunden. Häufiger ist nicht lohnenswert. Davon ausgenommen sind außergewöhnliche Ereignisse, die Du unbedingt teilen möchtest. Postest Du mit einer geringeren Häufigkeit, ist das kein Beinbruch. Das Wichtigste hierbei ist Regelmäßigkeit.

Die Stories erlauben den Abonnenten einen Einblick in dein Leben. Und das ist im Interesse der Instagramnutzer. Sie verzehren sich danach, zu sehen, wer Du bist. Dass Du echt bist. Gib deinen Abonnenten das Gefühl, dich intim zu kennen. Lass sie an deinem Leben teilhaben.

Dein Feed präsentiert eher „Perfektes", visuell Ansprechendes, Schönes und zieht die ersten Blicke und Aufmerksamkeit auf sich. Doch deine Abonnenten interessiert nicht nur diese Seite von dir. Sie möchten ebenso wissen, wer Du bist und was Du unternimmst. Sie wünschen sich, einen Einblick in dein Leben zu erhaschen. Die Stories sind in etwa so etwas wie dein öffentliches Tagebuch. Sie eignen sich, um einen persönlichen Bezug zu deinen Abonnenten aufzubauen.

Was gehört in Stories, was in Posts?

Wenn Du zunächst irritiert über die zusätzliche Funktion der Stories bist, sei unbesorgt. Sicher geistert jedem einmal die Frage durch den Kopf, wie man entscheidet, ob ein Inhalt besser in die Story oder in den Feed passt. Diese Unklarheit möchte ich dir nehmen.

Im Allgemeinen ist zu sagen, dass der Feed einheitlich und qualitativ hochwertig aufgebaut werden sollte. Die Stories sind für alles weitere und ihnen sind keine Schranken gesetzt. Hier hast Du kreativen Freiraum. In die Posts gehört alles, das dich und dein Schaffen repräsentiert. Das, worum es auf deinem Profil hauptsächlich geht. In die Stories gehören alltägliche Dinge, kurze Videos von unterwegs, Momentaufnahmen aus dem Leben. Hier ist nicht die Qualität ausschlaggebend. Im Vordergrund steht, greifbar zu sein. Persönlicher. Sympathisch. Und echt.

In den Stories sollte man einen Eindruck davon bekommen, wer Du bist, was Du tust und wie dein Leben aussieht. Ein Einblick in deinen Alltag, um zu zeigen, dass Du eben auch „nur“ ein Mensch bist.

Einige Anregungen für deine Story:

- Ein kleiner, schöner Moment, der dein Herz erfreut
- Erlebnisse mit Freunden
- Geschenke
- Kurze Aufnahmen aus dem täglichen Leben
- Ein neuer Ort, den Du besuchst

Welche Funktionen kann ich nutzen und was bringen sie mir?

Stories sind weit mehr, als Bilder oder Videos, die im Handumdrehen hochgeladen werden. Wenn Du in den Stories postest, fällt auf, dass es dort eine gewisse Zahl von Features gibt, die Du nutzen kannst. Davon solltest Du auch Gebrauch machen.

Die Funktionen findest Du, wenn Du ein Bild für die Story auswählst und dann auf den Smiley-Button klickst. Dadurch öffnet sich ein Fenster, indem verschiedene Funktionen auszuwählen sind.

Es ist möglich, einen Standort zu markieren oder jemanden zu erwähnen. Du kannst Hashtags in die Story integrieren und Musik hinterlegen. Zusätzlich hast Du die Möglichkeit, Umfragen durchzuführen und einen Fragebutton in der Story zu platzieren. Ein weiteres Feature ist das Starten eines Countdowns. Dazukommend gibt es die Quizfunktion und eine weitere Funktion mit einem Balken. Mit diesem sind die Abonnenten fähig, zu zeigen, wie sehr ihnen etwas gefällt. Darüber hinaus hast Du die Möglichkeit, die Chatfunktion zu nutzen.

Wie Du siehst, gibt es verschiedene Funktionen, die in deine eigene Story integrierbar sind. Diese sind sinnvoll, da Du durch sie die Community miteinbeziehst und die Leute anregst, aktiv zu werden, statt sich nur von den Inhalten berieseln zu lassen. Diese Interaktion vermittelt deinen Abonnenten das Gefühl, dass sie einbezogen werden und ihre Meinung zählt.

Nun möchte ich dir genauer zeigen, worum es sich bei den einzelnen Funktionen handelt und wofür diese zu verwenden sind.

Standort

Einen Standort kannst Du markieren, wenn Du an einem bestimmten Ort bist, der erwähnenswert ist. Nehmen wir einmal an, Du bist auf einer Reise. Willst Du nun ein Bild oder Video von diesem Ort in Deine Story laden, so kannst Du den Ort markieren. Der Vorteil dabei ist, dass Deine Story zu finden ist, wenn jemand nach diesem Ort sucht. Dies kann dir neue Abonnenten bringen. Ebenso könntest Du, wenn Du auf einer Veranstaltung bist, den Ort oder wenn Du Essen bist, das Restaurant markieren. All das sind Möglichkeiten, diese Funktion zu nutzen.

„Mention“ Button

Mit dem Button „@Mention“ kannst Du jemanden erwähnen. Dies macht dann Sinn, wenn außer dir mindestens eine weitere Person in der Story abgelichtet ist. Bist Du zum Beispiel mit Deiner besten Freundin unterwegs, kannst Du ein Bild von euch hochladen und sie in dieser Story erwähnen. So muss sie nicht ebenfalls ein Bild posten, sondern hat die Möglichkeit, deine im Handumdrehen zu teilen. Zudem gibt es hin und wieder Story-Aktionen auf Instagram, bei denen jemand markiert wird.

Hashtags

Wie im Feed hast Du in der Story ebenfalls die Möglichkeit, Hashtags zu integrieren. Tust Du dies, wirst Du unter dem verwendeten Hashtag mit deiner Story angezeigt. Die Stories mit integriertem Hashtag sieht man, wenn man diesen in die Suchfunktion eingibt. Wie gewohnt erscheinen alle Bilder der dazugehörigen Posts. Direkt unter der Anzeige des Hashtags findet sich auf der linken Seite ein Bild mit einem roten Kreis. Klickst Du das an, werden Stories angezeigt, die dieses Hashtag verwenden. Wie zu vermuten ist, trägt das dazu bei, dass mehr Menschen auf dich aufmerksam werden. Probiere dich in deiner Story gerne aus. Hashtags fügst Du sowohl über die Hashtagfunktion (Smiley ->

Hashtag) als auch über die Eingabe im Textfeld in deine Story ein. Für den Fall, dass Du mehr als einen verwendest, empfiehlt sich die Eingabe über das Textfeld. Es ist also ähnlich der Erwähnung anderer Accounts.

Musik

Wenn Du ein Bild oder ein Video postest, hast Du die Option, zusätzlich Musik zu hinterlegen. Dies gelingt über den Funktionsbutton. Du findest dann eine Anzeige, um Musik einzubetten. Es ist möglich, aus Stimmungen zu wählen, eine Musikrichtung einzugeben oder konkret nach einem bestimmten Lied zu suchen.

Umfragen

Eine sehr coole Möglichkeit, um deine Abonnenten zu Interaktionen zu bewegen, ist, in deiner Story eine Umfrage zu veranstalten. Stellst Du eine beliebige Frage, erscheinen dem Zuschauer zwei Antwortmöglichkeiten, zwischen denen er wählen kann.

Am einfachsten ist es, Ja/Nein Fragen zu stellen. Alternativ kannst Du aber auch die gewünschten Antworten ohne große Mühe ändern. Hier bist Du frei in der Gestaltung. Simple, allgemeine Fragen eignen sich meist besser, da dann die Anzahl der Teilnehmer höher ist.

Beispiele für einfache Fragen:

- o Wie geht es dir heute? -> Gut/schlecht
- o Freust du dich aufs Wochenende? -> Ja/Nein
- o Bist du Team Meer oder Team Berge? -> Meer/Berge
- o Kaffee oder Tee? -> Kaffee/Tee

Wie Du siehst, sind dies sehr allgemeine Fragen. Bei der Formulierung steht es dir frei, deiner Kreativität und deinen Ideen freien Lauf zu lassen. In den Antwortmöglichkeiten könntest Du auch Smileys verwenden, um das Ganze anschaulicher zu gestalten.

Ich empfehle dir, solche Umfragen immer wieder zu integrieren. Jeden zweiten Tag oder gar täglich ist hierbei lohnenswert, da Umfragen deinen Abonnenten zeigen, dass ihre Meinung einen Einfluss hat. Und das ist genau das, was gut ankommt. Sie wünschen sich, dass Du aufmerksam bist und sie mit einbeziehst.

Fragebutton

Eine weitere Möglichkeit, deine Abonnenten mit einzubeziehen, ist der Fragebutton. Standardmäßig steht dort „Stell mir eine Frage“. Verwendest Du diese Funktion, haben deine Zuschauer die

Möglichkeit, eine beliebige Frage zu stellen. Solche Fragerunden bieten sich besonders an, wenn Du wartest, zum Beispiel während einer langen Zugfahrt.

In einer Fragerunde stellen dir deine Abonnenten Fragen. Diese werden Dir dann angezeigt und Du kannst entweder privat mit einer direkten Mail oder in der Story darauf antworten. Ich empfehle dir, die Antworten in der Story zu teilen. Du hast die Möglichkeit, entweder mit einem Video oder mit einem Text darauf zu antworten. Das bleibt dir überlassen. Hierbei ist zu erwähnen, dass Du zwar die Leute siehst, die dir eine Frage gestellt haben. Wenn Du diese und deine zugehörige Antwort in deiner Story postest, wird der Name des Fragestellers im Unterschied dazu nicht angezeigt.

Die Frageoption bietet dir weit mehr, als lediglich die Gelegenheit, dir Fragen stellen zu lassen. Du hast auch die Option, eine Frage zu stellen, bei der individuelle Antworten möglich sind.

Ein paar Beispiele hierfür sind:

- Wohin geht es nächsten Sommer in den Urlaub?
- Was ist dein Lieblingsbuch?
- Was ist dein Lieblingssport?
- Was unternimmst du am Wochenende?

Ich empfehle, dies einmal wöchentlich zu nutzen.

Hast Du dir mit dieser Funktion Fragen stellen lassen, hast Du darüber hinaus die Möglichkeit, diese und die Antworten dazu in deine Story Highlights hinzuzufügen. Dadurch sind sie nicht nur 24 Stunden verfügbar, sondern können zudem zu einem späteren Zeitpunkt angesehen werden. Menschen, die neu auf deinem Profil sind, haben so die Möglichkeit, Zugriff auf diese Inhalte zu bekommen. Diesem Thema widmen wir uns im nächsten Kapitel genauer.

Countdown

Eine weitere Story-Funktion ist der Countdown. Dieser ist nützlich, wenn Du einen besonderen Post planst und vorhast, ihn vorab zu promoten. Im Falle, dass Außergewöhnliches passiert oder Du die Aufmerksamkeit auf etwas lenken willst, was zu einer festgelegten Zeit passiert. Verwende ihn zum Beispiel, wenn Du beabsichtigst, Live zu gehen oder bei einem Gewinnspiel. User haben die Möglichkeit, diesen Countdown zu sehen und sich eine Erinnerung zu setzen, sodass sie es nicht verpassen. Ziemlich cool, oder?

Quiz

Die Quizfunktion in der Story ermöglicht Dir, deine Abonnenten zu einem von dir festgelegten Thema raten zu lassen. Hierdurch testest Du, wie gut sie dich kennen. Zum in Gang bringen eignet sich zum

Beispiel „Rate mal, was ich bevorzuge …“. Du kannst für die Antwortmöglichkeiten A und B (auch mehrere möglich) kreieren. Eine davon legst Du als „richtige Antwort“ fest. Zwischen diesen Antwortmöglichkeiten haben deine Zuschauer dann die Wahl. Raten Sie richtig, wird ihnen das durch eine grüne Farbe angezeigt. Liegen sie falsch, wird dies mit roter Farbe angezeigt und die richtige Antwort in Grün hervorgehoben.

Balkenfunktion

Postest Du ein Bild, das dir besonders gut gefällt hast Du die Möglichkeit, deine Abonnenten um ihre Meinung zu bitten. Der Einfachheit halber nenne ich sie hier „Balkenfunktion“. Dies ist ein beweglicher Balken, auf dem ein Smiley je nach Belieben von deinen Zuschauern nach rechts geschoben werden kann. Er symbolisiert, wie sehr etwas gefällt. Macht jemand hierbei mit, sieht er nach der Teilnahme den Durchschnitt der bisherigen Angaben auf der Skala.

Chatfunktion

Abschließend zu erwähnen ist die Chatfunktion. Es empfiehlt sich, diese Funktion zu verwenden, wenn Du dich über ein konkretes Thema unterhalten möchtest. Schreibe beispielsweise: „Lasst uns über … reden“. Danach fügst Du den „join chat“ Button ein. Dieser ist nach Belieben farblich änderbar. Story-Zuschauer haben die Möglichkeit, den Button zu betätigen. Dir wird angezeigt, wer den Chat angefragt hat. Jederzeit bist Du dann in der Lage, eine Unterhaltung einzuleiten. Klickst Du auf „Starte Chat“ kreiert Instagram einen Chatraum. In diesem ist eine Unterhaltung möglich. Es ist kein Problem, bei Bedarf neue Leute hinzuzufügen, die den Beitritt beantragt haben.

Swipe up

Eine weitere Funktion, die ab 10.000 Abonnenten verfügbar ist, ist das „Swipe-up“. Mit ihr kannst Du in der Story einen Link hinterlegen. Durch ein simples Wischen nach oben, wird der Zuseher dann zu diesem Link weitergeleitet. Somit kannst Du jemanden direkt zu einer Aktion bewegen. Ziemlich praktisch, um etwas zu bewerben.

Ich hoffe, Du hast mittlerweile einen hilfreichen Einblick und Inspiration für die Story-Funktionen bekommen. Den Story-Highlights widmen wir uns im nächsten Kapitel.

Story-Highlights

Du hast die Möglichkeit, in deinem Profil Story-Highlights zu hinterlegen. Sie erlauben dir, einzelne Elemente zusammengefasst darzustellen. Diese werden dann nicht nur für 24 Stunden angezeigt, sondern sind auf deinem Profil dauerhaft sichtbar. Dadurch werden sie für neue Profilbesuchern einsehbar. Hast Du Stories hochgeladen, die Du für längere Zeit zeigen willst, erstelle ein Highlight dafür. Ebenso ist es lohnenswert, wenn Du immer wieder zu einem festgelegten Thema Inhalte in deiner Story hochlädst. Dadurch sind diese übersichtlich darstellbar. Die Highlights dienen dazu, das eigene Profil besser auszubauen und verschiedene Aspekte sowie Inhalte besser darzustellen. Unternehmen haben damit die Möglichkeit, ihre Produkte zu platzieren. Influencer sind in der Lage, dort mehr über ihre Projekte hinzuzufügen. Du kannst auch lediglich Dinge posten, die für dich von besonderer Bedeutung sind.

Ein Beispiel:

Wenn Du wiederkehrend Fragerunden veranstaltest, kannst Du diese speichern. Somit musst Du die einzelnen Fragen nicht mehrmals beantworten. Stattdessen sind deine Antworten für jeden sofort zu sehen. Denkbar ist es ebenso, in einem Highlight alle Informationen zu einem Projekt zu hinterlegen, sodass deine Profilbesucher diese dort ohne Mühe finden.

Hier ein Beispiel, wie Story Highlights auf deinem Profil aussehen könnten:

Die Story-Highlights sind vollständig nach deinen persönlichen Vorlieben gestaltbar. Ich empfehle Dir, hierbei auf ein einheitliches Gesamtbild zu achten. Habe ein Auge darauf, dass die Highlights zum Profil passen. Benutzt Du im Feed eher kalte Farben, ist es ratsam, diese ebenfalls in Deinen Highlights zu verwenden. Setzt Du auf Schwarz-Weiß Bilder, sollten auch die Highlight-Bilder schwarz-weiß sein.

Wie Du siehst, können die Inhalte deiner Story-Highlights unterschiedlich sein. Wähle dabei einfach etwas, das gut zu deinem Profil passt und über das Du wiederkehrend in deiner Story postest. Dies sind möglicherweise Reisen, Inspirationen, Neuigkeiten oder anderes. Aber wie erstellt man denn nun am besten Story Highlights?

Überlege dir im ersten Schritt, was Du als Highlights darstellen möchtest.

Nimm ein Bildbearbeitungsprogramm zur Hilfe und erstelle die

Icons deiner Story-Highlights. Dir ist es gestattet, ein Bild aus deinem Archiv zu wählen.

Lege Story-Highlights an, indem Du auf Deinem Profil (direkt unter der Profilbeschreibung) auf den Button „Neu“ klickst.

Suche Bilder aus, die in diesem Highlight dargestellt werden sollen.

Gib deinem Highlight einen Namen.

Lege ein Titelbild fest. Nutze hierfür entweder eins der Bilder, die in deinen Highlights zu sehen sind oder ein Icon, das Du zuvor erstellt hast.

Klickst Du auf „fertig“, ist dein Storyhighlight bereit und fortan verfügbar.

Neue Beiträge fügst Du zu deinen Highlights hinzu, indem Du das Storyarchiv aufrufst. Wenn Du nicht weißt, wo dieses ist, keine Sorge. Es ist unschwer zu finden. Ruf dein Profil auf, klicke oben rechts die drei Balken an, dann die Uhr mit dem Pfeil (Archiv) und schon bist Du dort. Wie Du siehst, werden dir alle Stories angezeigt, die Du hochgeladen hast. Klickst Du einen der Beiträge an, wird er dir erneut angezeigt. Du siehst unten rechts einen Button mit einem Herz, unter dem „Highlight“ steht. Klickst Du darauf, wählst Du, zu welchem Highlight dieser Beitrag zugefügt werden soll. Du kannst aber auch direkt aus Deiner aktuellen Story etwas hinzufügen. Dies geschieht durch Abrufen Deiner Story, indem Du wieder den Button mit dem Herz klickst.

Checkliste und Zusammenfassung: Stories

- Zeige Einblicke in dein Leben, damit deine Abonnenten das Gefühl bekommen, dich richtig gut zu kennen.
- Poste am besten mehrmals täglich.
- Rege deine Abonnenten in den Stories zu Handlungen an, indem Du die Funktionen benutzt.
- Verwende Highlights
- Gestalte deine Story Highlights einheitlich.

Videos

Seit der Einführung von IGTV (Instagram-TV), erfreuen sich Videos immer größerer Beliebtheit. Zuvor war es nicht möglich, mehr als 60-sekündige Videos hochzuladen. Mittlerweile ist dies dank IGTV eine weitere Alternative, um mehr Menschen zu erreichen.

Soll ich Videos posten? Und wenn ja, warum?

Im Grunde funktioniert IGTV wie YouTube. Der Unterschied ist nur, dass Instagram TV auf hochkantige Videos ausgelegt ist.

Aber ist IGTV lohnenswert? Instagram ist eine visuelle Plattform und kein anderes Medium ist optisch ansprechender als Videos. Vielleicht kennst Du das Sprichwort: Ein Bild sagt mehr als tausend Worte. Wie sieht das dann erst mit Videos aus?

Videos eignen sich hauptsächlich, um genauere Eindrücke zu vermitteln, die in einem Bild nur mühevoll festzuhalten wären. Gleichermaßen wenn man bestimmte Gedanken, Unterhaltungen, hilfreiche Tipps und Tricks teilen möchte. Es ist eine willkommene Ergänzung, die dabei hilft, deine Abonnenten an dich zu binden. Vor allem, wenn Du darauf abzielst, dir ein Personal Branding aufzubauen. Ebenfalls bieten Videos die Chance, deine Reichweite zu verbessern.

Abonnenten sind deine Fans. Ich gehe davon aus, dass auch Du schonmal Fan von jemandem warst oder bis heute bist. Ist dem so, kennst Du sicher den Wunsch, so viel Content wie möglich von dieser Person zu sehen. Es ist gar unmöglich, genug von dieser Person zu haben, oder? Ebenso verhält es sich mit deinen Abonnenten. Sie betrachten Deine Posts, Bilder und auch Stories. Wenn Du Ihnen die zusätzliche Möglichkeit bietest, Videos von dir zu sehen, wird sie das verstärkt begeistern und an dich und deinen Account binden. Das Hochladen von Videos auf Instagram ist ein effektives Feature. Zwingend notwendig ist es jedoch nicht. Probiere es einfach aus und entscheide, ob Du dich damit wohl fühlst.

Vorneweg ein paar grundlegende Tipps zum Erstellen von IGTV-Videos. Sie werden dich mittlerweile vermutlich nicht mehr überraschen, denn auch hierbei gilt:

Sei authentisch.

Zeige, wer Du bist.

Halte dich an das Thema deines Profils.

Worauf ist beim Posten von Videos zu achten?

Ein Video zu drehen und dann hochzuladen klingt im ersten Moment unproblematisch. Handy rausholen, ein Video aufnehmen, so wie man es von den Stories kennt, und dann posten. Inzwischen hast Du einiges gelernt und vermutest wahrscheinlich schon, dass mehr dahintersteckt.

Auch beim Posten von Videos ist auf ein paar Dinge zu achten. Hierbei ist es für dich erstmal essenziell, zu wissen, was Du in deinen Videos nicht posten darfst.

Musik ist ein strittiges Thema. Grund dafür ist die GEMA. Hierbei handelt es sich um die Gesellschaft für musikalische Aufführungs-

und mechanische Vervielfältigungsrechte, von der Du mit Sicherheit schonmal gehört hast. Beim Aufnehmen von Videos ist darauf zu achten, keine Musik im Hintergrund laufen zu lassen. Das Gleiche gilt ebenso für TV, Radio oder andere urheberrechtlich geschützten Inhalte.

Zudem ist es kritisch, andere Personen zu zeigen, da man von jedem dafür die Einwilligung benötigt. Postet man ein Video, das andere Personen zeigt, könnte Instagram den Post auch sperren.

Zeige keine Kennzeichen von Autos oder andere datenschutzrelevanten Inhalte.

Im Folgenden einige Empfehlungen. Berücksichtige sie beim Erstellen deiner Videos.

Postest Du Videos, die dich zeigen, ist die passende Belichtung ausschlaggebend. Niemand schaut gerne Videos, die dunkel sind und auf denen man dich nur schwer erkennen kann. Such dir für die Aufnahme einen hellen Ort. Des Weiteren rate ich dir, einen einheitlichen Hintergrund zu wählen (außer Du bist zum Beispiel auf Reisen).

Achte auf ruckelfreie Aufnahmen. Verwende hierfür beispielsweise ein Stativ.

Des Weiteren empfehle ich dir, zu beachten, dass man nicht zu viele Hintergrundgeräusche hört. Deine Stimme sollte klar und mühelos zu verstehen sein. Sprich selbstsicher und überzeugend. Achte darauf, dass es angenehm ist, dir zuzuhören.

Überlege vorher, was das Thema des Videos ist. Lege dir

Stichpunkte fest, die Du ansprechen wirst, und überlege dir einen roten Faden. Dies hilft dir, während des Videos nicht in eine andere Richtung abzuschweifen.

Achte darauf, dass Du ab der ersten Sekunde die Zuschauer ansprichst und ihre Neugier weckst. Stelle dir die Frage, wie Du möglichst kurz:

- Sagst, worum es in dem Video geht
- in das Thema einführst
- Neugier weckst
- den Wunsch auslöst, es vollständig anzuschauen.

Wenn Du dich entscheidest, Videos hochzuladen, lege ich dir ans Herz, diese IGTV-Beiträge auf deinem Instagram-Profil zu bewerben. Dies gelingt, indem Du in deinen Stories, im Feed oder wenn Du Live gehst, darauf aufmerksam machst. Du hast außerdem die Möglichkeit, eine 60 Sekunden lange Vorschau in deinem Instagram-Profil posten. Diese erscheint dann in deinem Feed zwischen deinen Bildern und ermöglicht dir eine höhere Reichweite für deine IGTV-Videos. Deine Abonnenten werden darauf aufmerksam, dass es mehr von dir zu sehen gibt. Die 60-sekündige Vorschau kann man direkt auf deinem Profil sehen. Wenn sich jemand für das ganze Video interessiert, wird er zu deinem IGTV-Video weitergeleitet und kann es sich dort komplett ansehen.

Checkliste und Zusammenfassung: Videos

- Sei authentisch
- Zeige, wer du bist
- Halte dich an das Thema deines Profils
- Poste keine Videos mit Musik im Hintergrund, anderen Personen, ohne deren Erlaubnis zu haben, datenschutzrelevanten Inhalten
- Gute Belichtung
- Frei von Hintergrundgeräuschen
- Wecke die Neugier deiner Abonnenten

Hashtags

Sie sind klein und meist verlassen am Ende eines Posts zu finden. Man könnte glauben, niemand schenkt ihnen wahrhaft Beachtung. Und doch bist Du gut damit beraten, dich mit ihnen auseinanderzusetzen. Wie Du bald sehen wirst, gibt es weit mehr über Hashtags zu wissen, als Du auf dem ersten Blick glauben würdest.

Bist Du bereit, in die geheime Welt der Hashtags einzutauchen?

Was sind Hashtags?

Hashtags (#) gehören auf Instagram zu den Grundpfeilern, um Reichweite zu bekommen. Du siehst diese meist unter einem Posting. Sie können alternativ auch in Stories integriert sein.

Verfasst Du einen Beitrag und beginnst ein Hashtag einzugeben, öffnet sich eine Drop-down-Liste. In dieser siehst Du Hashtags, die mit dem bisher Eingegebenen übereinstimmen. Mit ihnen wird eine Zahl angezeigt, die angibt, wie viele Beiträge es mit diesem Hashtag gibt. In dieser Drop-down-Liste hast Du die Chance, dir Anregungen für andere Hashtags zu holen, die deinem ähneln, falls das Hashtag, das Du geplant hattest zu verwenden, zu groß oder unspezifisch ist. Zu diesem Thema erfährst Du gleich mehr.

Welchen Zweck erfüllen Hashtags?

Auf Instagram erscheinen mit rasanter Geschwindigkeit neue Inhalte. Durch Hashtags bist Du in der Lage, dich in diesem Dschungel zurechtzufinden. Sie sind Schlagwörter, nach denen gezielt gesucht werden kann. Dadurch kannst Du Interessantes finden und auch selbst gefunden werden.

Verwendest Du ein oder mehrere Hashtags, wird Dein Beitrag unter diesen gelistet. Instagram ist zurzeit eines der beliebtesten sozialen Netzwerke. Täglich teilen Millionen von Menschen ihre Bilder und Videos. Wenn dein Ziel ist, ein erfolgreiches Business mithilfe von Instagram aufzubauen, achte, neben hochwertigen Bildern und ansprechenden Bildbeschreibungen, darauf, die richtigen Hashtags zu verwenden. Das ist vor allem am Anfang, wenn Du noch nicht so viele Abonnenten hast, relevant.

In den nächsten Kapiteln erfährst Du alles Wichtige rund um dieses Thema.

Welche Hashtags soll ich verwenden?

Diese Frage stellt sich jeder, wenn er am Beginn seiner Instagram-Karriere steht oder das Ziel hat, seine Instagram-Performance zu verbessern.

Es ist relevant, sich diese Frage zu stellen, denn es gibt unzählige Hashtags. Möglicherweise existieren sogar weitaus mehr Hashtags, als es Wörter in der deutschen Sprache gibt. Dies gleicht auf dem ersten Blick wieder einem undurchdringlichen Dschungel.

Welche Hashtags sind denn die Richtigen für dich, dein Profil und deine Beiträge?

Als erste Regel gilt: Abhängig von dem Thema ist es vorteilhaft, wenn deine Hashtags zu deiner Nische, zu dem verwendeten Bild und zur Bildunterschrift passen. Um zu verstehen, wie man die richtigen findet, widmen wir uns zuerst Negativbeispielen.

Auf diese Art solltest Du über Hashtags nicht denken:

Egal welches Hashtag, Hauptsache ich schreibe viele unter meinen Beitrag.

Das ist schlichtweg falsch. Nichts weiter zu tun, als möglichst viele Hashtags zu verwenden, wird nur zu Frust führen. Wie viele Hashtags tatsächlich förderlich für dich sind, erkläre ich dir im nächsten Kapitel.

Egal was ich poste, ich verwende immer angesagte Hashtags, damit mich viele Menschen finden.

Das ist leider nicht zielführend. Es macht keinen Sinn, ein Hashtag zu verwenden, der in keiner Weise zu dem Thema passt, das Du darstellst. Wenn Du zum Beispiel ein Bild von Blumen postest, in einem Text ein Zitat einfügst und dafür die Hashtags #beauty #love #veganfood verwendest, dann ist das falsch. Diese Hashtags beschreiben weder dein Bild noch den Text. Wie ich zuvor kurz erwähnt habe, dienen Hashtags vordergründig der Einordnung. Ist dein Ziel, in einem konkreten Themen-Bereich sichtbar zu sein, ist die richtige Wahl an Hashtags fundamental. Ich empfehle dir, die Hashtags so auszuwählen, dass sie den Inhalt Deines Posts möglichst treffend beschreiben. Wenn Du sehr spezielle Inhalte postest, ist es ratsam, ein Hashtag zu finden, das das aussagt. Dadurch ist jemand, der gezielt danach sucht, in der Lage, deinen Post zu finden.

Verstanden, meine Hashtags sollten zu meinem Post passen. Trotzdem achte ich darauf, weiterhin populäre Hashtags zu verwenden. Sie scheinen gut anzukommen und wenn ich sie verwende, komme auch ich gut an.

Leider nein. Wenn Du nach Hashtags suchst, siehst Du, dass immer eine Zahl angezeigt wird. Sie erfasst, wie viele Beiträge zu diesem Hashtag bisher veröffentlicht wurden. Wenn Du Hashtags zu deinen Posts auswählst und dir nicht sicher bist, welches Hashtag denn das Richtige ist, orientiere dich an einer Obergrenze von 200.000 Beiträgen pro Hashtag. Zumindest solange dein Profil noch nicht eine enorme Abonnentenzahl oder Interaktionsrate hat. Just in diesem Moment denkst Du möglicherweise:

Haben größere Hashtags mit beispielsweise drei Millionen Beiträgen nicht eine höhere Beliebtheit, durch die man mehr Reichweite generiert?

Ja, es stimmt, diese Hashtags sind generell beliebt. Allerdings wird sekündlich eine Vielzahl neuer Inhalte mit diesen Hashtags hochgeladen. Damit ist es besonders schwer, sich dort zu beweisen. Benutzt Du ein allgemeines Hashtag, das über 1 Million Beiträge hat, und bei dem im Sekundentakt neue hinzukommen, ist deine Chance schwindend gering, gesehen zu werden. Um in der Lage zu sein, hier oben mitzuschwimmen, brauchst Du zwingend eine enorm hohe Interaktionsrate. Diese Hashtags sind erst dann empfehlenswert, wenn Du einen beträchtlichen Kreis an Abonnenten aufgebaut hast und viele Interaktionen mit deinen Beiträgen erzielst.

Solange das nicht der Fall ist, ist es angemessen, auf „kleine“ und spezifischere Hashtags zu setzen, mit beispielsweise 20.000 Beiträgen. In diesem Sinne ist es einfacher, in die Top Posts zu gelangen. Zusätzlich wirst Du länger bei den neuen Posts gelistet. Ich empfehle, einen Teil deiner Hashtags im Bereich 20.000 bis 50.000 zu verwenden und den anderen Teil zwischen 100.000 und 200.000.

Du hast alternativ die Möglichkeit, viele kleine Hashtags zu verwenden und ab und an ein Umfangreicheres einzufügen. Wesentlich ist, dass Du nicht zu viele große und nicht zu allgemeine Hashtags verwendest. Ich empfehle Dir, herauszufinden, welche Hashtags am besten zu Deiner Nische und Deinem Content passen. Nutze diese und verwende zusätzlich ab und an neue Hashtags. Dies eröffnet dir die Chance, wieder von neuen Menschen gefunden zu werden und dadurch zu wachsen. Achte hierbei immer darauf, dass das Hashtag zu deinem Beitrag passt.

Für Stories gibt es einen Unterschied, der zu erwähnen ist. Denn hier empfiehlt es sich, eher allgemeine Hashtags auszuwählen. Dies liegt daran, dass diese Funktion nicht so viele Menschen nutzen. Dadurch fällt es nicht schwer, mehr Aufrufe in deinen Stories zu erzielen und somit mehr Aufmerksamkeit zu erreichen.

Wenn ich mir einfach meine eigenen Hashtags mache oder solche verwende, die richtig auffallen, werde ich damit immer ganz vorne gelistet.

Das ist nicht nur falsch, sondern kann auch gefährlich sein. In diesem Zusammenhang ist es unerlässlich, zu wissen, dass es gewisse „banned Hashtags“ gibt. Ist dir schonmal aufgefallen, dass zu manchen Hashtags keine Inhalte erscheinen, wenn Du danach suchst? Wenn Du einen dieser Hashtags verwendest, besteht die Möglichkeit, dass dein Beitrag nicht angezeigt wird. Natürlich ist nicht jedes neue Hashtag gefährlich. Mehr dazu später.

Wie viele Hashtags soll ich verwenden?

Wer sich auf Instagram umsieht, erkennt ohne Umstände, dass unter manchen Posts sehr viele Hashtags verwendet werden, andere hingegen komplett darauf verzichten oder lediglich eine bescheidene Anzahl nutzen. Die Höchstgrenze, die man von Instagram aus verwenden kann, liegt bei 30.

Vor wenigen Seiten habe ich dich davor gewarnt, mit Hashtags um dich zu werfen. Woher weißt Du nun, wie viele Hashtags lohnenswert sind? Das lässt sich pauschal nicht beantworten. Trotz alledem habe ich hilfreiche Tipps für dich, damit Du für diese Frage eine Antwort findest.

Verwende nur so viele Hashtags, wie Du benötigst, um den Post zu beschreiben. Irgendwelche zusätzlichen Hashtags zu verwenden, aus Gründen der Quantität, ist nicht gewinnbringend. Ein Richtwert sind 9 Hashtags. Bei der Verwendung von mehreren Hashtags kann es passieren, dass Du einen Hashtagbann bekommst. Das heißt, der Instagram-Algorithmus sieht, dass Du viele Hashtags verwendet. Wenn diese nicht relevant erscheinen, könnte Instagram dich als Spam oder Bot ansehen und deine Reichweite einschränken. Mehr dazu erfährst Du im Kapitel Banns. Achte auf die Optik. Wenn es aussieht, als würden deine Hashtags deine Bildbeschreibung dominieren, sind es definitiv zu viele.

Soll ich neue/eigene Hashtags einführen?

Immer wieder bin ich auf die Frage gestoßen, wie es sich denn mit der Einführung neuer Hashtags verhält.

Kann / darf / soll ich ein eigenes Hashtag erfinden und verwenden?

Wenn Du ein Personal Branding anstrebst, ist es möglicherweise lohnenswert, ein eigenes Hashtag einzuführen. Du könntest beispielsweise deinen Namen als Hashtag einführen oder ein spezifisches Motto, das dich oder deine Tätigkeit repräsentiert. Am Anfang deiner Instagram-Präsenz scheint dies nicht sinnvoll zu sein, da unbekannte Hashtags kaum gesucht werden. Bezahlt macht sich ein eigenes Hashtag erst dann, wenn Du es geschafft hast, so bekannt zu sein, dass Menschen nach dir oder deinem Motto / deinem Programm / deinem speziellen Hashtag suchen.

Macht es Sinn, Hashtags zu abonnieren?

Wenn man nach Hashtags sucht, erscheint oben ein Button, über den man dieses Hashtag abonnieren kann. Wird ein Hashtag abonniert, erscheinen nicht nur die Beiträge der von dir abonnierten Feeds, sondern auch vereinzelt Beiträge, die in deinen abonnierten Hashtags beliebt sind. Aber macht es denn Sinn? Hat es einen Vorteil, Hashtags zu abonnieren?

Ja, die Funktion ist nützlich, wenn Du in einer Nische unterwegs bist, in der ein Hashtag häufig verwendet wird. Wenn Du bei einem festgelegten Thema auf dem Laufenden bleiben möchtest und Du sehen möchtest, was von anderen zu diesem gepostet wird, dann abonniere dieses Hashtag. In der Regel werden die beliebtesten Beiträge des abonnierten Hashtags dann auf deiner Startseite angezeigt.

Wenn Du immer wieder dieselben Hashtags verwendest, empfehle ich dir, diese zu abonnieren. Du siehst dann, welche Beiträge unter diesem Hashtag am besten ankommen und bist dadurch in der Lage, deine eigenen Posts zu optimieren. Bewegst Du dich in einer konkreten Nische, bietet sich ein weiterer Vorteil. Wenn Du diese Beiträge immer wieder angezeigt bekommst, hast Du die Möglichkeit, mit diesen Beiträgen zu interagieren. In Folge dessen erhöhst Du die erhaltene Aufmerksamkeit.

Wie analysiere und optimiere ich meine Hashtags?

Wenn Du dich ausführlicher damit beschäftigen willst, wie Du deine Reichweite steigerst und in den Top Posts besser gerankt wirst, stelle ich dir meine Analysemethode vor.

Zuvor sei eins gesagt: Diese Methode ist zeitintensiv. Planst Du, mit Instagram ernsthaft Dein Business aufzubauen und zu einem erfolgreichen Mikroinfluencer zu werden, probiere die Methode zumindest einmal aus. Es wird sich lohnen, versprochen!

Du weißt mittlerweile, dass Du darauf achten solltest, dass Hashtags thematisch zu Deinem Bild passen und es sich empfiehlt, große Hashtags sowie kleine Hashtags zu verwenden. Im Folgenden stelle ich genauer dar, wie Du herausfindest, wie gut deine Beiträge mit den einzelnen Hashtags performen. Mit Hilfe dieser Information bist Du im Stande, die Verwendung deiner Hashtags anzupassen, um mehr Reichweite zu generieren.

Sieh dir zunächst an, wie deine Beiträge in der Hashtagsuche und vor allem in den Top Posts gerankt werden. Verständlicherweise werden Deine Beiträge nach dem Posten in den aktuellen Beiträgen eines Hashtags angezeigt. Meist ist dies allerdings von kurzer Dauer. Dein Ziel ist, in die Top Posts zu gelangen und dort längere Zeit sichtbar zu bleiben, sodass mehr Menschen deine Beiträge und dein Profil wahrnehmen.

Um das zu erreichen, wende folgende Analysemethode an:

1. Erstelle eine Exceltabelle.

Notiere dort für jeden neu geposteten Beitrag alle verwendeten Hashtags.

2. Beobachte die Performance:

In den ersten 2 Stunden nach dem Post und notiere, an welcher Position in den Top Post dein Beitrag nach 2 Stunden gelistet ist. Wichtig: Dieser Prozess ist für jeden verwendeten Hashtag durchzuführen, da jedes Hashtag seine eigenen Top Posts hat.

3. Wiederhole den Vorgang:

Nach 2 Stunden, nach 10 Stunden, nach 14 Stunden, nach 18 Stunden, nach 24 Stunden und dann noch einmal nach 2 Tagen und 3 Tagen. Dies ist ein Vorschlag, Du hast selbstverständlich die Möglichkeit, die Zeitabstände selbst zu wählen. In den ersten Stunden nach dem Posten empfiehlt es sich, kleinere Intervalle zu wählen. Beachte dabei, dass sich die Position in den Top Posts sich nicht so oft verändern wird. Das heißt, aktualisierst Du alle fünf Minuten, ist nicht zu erwarten, dass dein Beitrag einmal weit unten angezeigt wird und fünf Minuten später an der Spitze. Mein Tipp ist, nicht öfters als stündlich nach der Position zu schauen.

Ich weiß, das klingt nach viel Arbeit. Hast Du allerdings einmal rausgefunden, welche die besten Hashtags für dich sind, dann macht sich das durchaus bezahlt. Wie Deine Auswertung aussehen könnte, zeige ich dir anhand eines Beispiels von Alice Ariee:

2.1.	nach 2 stunde	nach 10 stund	nach 14 Stund	nach 18 stund	nach 20 stund	nach 24 Stund	nach 2 Tagen	nach 3 Tagen
autorenleben	6	2	19	32	6	13		
autorin	2	5	4	9	9	13		
authorlife	9	7	8	8	8	15		
authors	7	8	10	9	12	37		
poetess	34	5	5	4	5	6		
poetin	3	4	4	3	5	3		
gedicht	3	3	4	5	7	6		
dichten	4	1	1	1	1	4		
kreativesschre	2	8	7	4	6	4		
lesen	4	5	6	15	18	20		
leseliebe	5	8	12	10	18	8		
deutschegedic	5	2	2	1	3	11		
autorenaufins	1	2	4	3	7	3		
schreiben	2	1	2	2	3	7		
lyrik	3	2	2	3	3	3		

Wie Du siehst, sind die Zahlen 1, 2 und 3 markiert. Damit erkennst Du auf einen Blick, bei welchem Hashtag dein Beitrag am besten performt hat.

Mit diesem Tool wird sofort klar, welche Hashtags für dich zielführend sind und welche nicht. Bei dem Beispiel oben sieht man, dass der ausgewählte Beitrag bei jedem verwendeten Hashtag gut performt. Es sei zu erwähnen, dass dies keine Garantie dafür ist, dass es sich immer gleich verhält. Wenn dir klar wird, dass dein Beitrag unter einem Hashtag nicht zufriedenstellend angezeigt wird, sortiere dieses aus. Finde ein neues, besseres Hashtag. Aber woher bekommst du dieses neue, bessere Hashtag?

Es empfiehlt sich folgende Vorgehensweise: Gibst du ein Hashtag in die Suche ein, werden dir Vorschläge für verwandte Hashtags angezeigt. Merkst Du, dass ein Post ungenügend in den Topposts performt, ist es ratsam, einen dieser Hashtags zu verwenden und zu schauen, ob Du mit diesem Hashtag mehr Erfolge erzielst.

Meist performt ein Beitrag in den Top Posts nicht zufriedenstellend, weil das Hashtag zu allgemein ist, oder nicht zum Thema passt. Ist das der Fall, dann versuche, die großen Hashtags beim nächsten Beitrag durch kleinere oder/und spezifischere zu ersetzen. Es ist nicht notwendig, wenn einmal ein Beitrag von dir nicht in die Top Posts gelangt, jedes Mal ein neues Hashtag zu verwenden. Am besten beobachtest Du die Performance bei einem Hashtag über mehreren Posts, da genauso Bild oder die Beschreibung einen Einfluss darauf haben, wie der Beitrag performt.

Hast Du rausgefunden, welche Hashtags bei deinen Beiträgen „funktionieren", heißt das nicht, dass du dich darauf ausruhen kannst und, überspitzt gesagt, lebenslänglich diese Hashtags verwenden solltest. Nein, im Gegenteil! Wende diese Analyse immer wieder an. Steigert sich deine Interaktionsrate oder wächst dein Account, ist anzunehmen, dass sich darüber hinaus auch die Performance in den Topposts verändert. Wächst dein Account, untersuche, ob sich in der Zwischenzeit größere Hashtags lohnen könnten. Auf diese Weise arbeitest Du dich Stück für Stück weiter nach oben.

Checkliste und Zusammenfassung: Hashtags

- Nutze Hashtags, um deine Reichweite zu maximieren.
- Wähle Hashtags passend zu deiner Nische, zum verwendeten Bild und zur Bildunterschrift.
- Meide „banned Hashtags“.
- Verwende maximal 9 Hashtags pro Post.
- Wähle kleinere / spezifischere Hashtags
- Wähle einen Teil deiner Hashtags im Bereich 20.000 bis 50.000 und den anderen Teil zwischen 100.000 und 200.000.
- Wähle für Stories größere / allgemeinere Hashtags.
- Abonniere Hashtags, die zu deiner Nische passen. Interagiere mit den geposteten Beiträgen.
- Analysiere und optimiere deine Hashtags.

Markierungen

Sowohl in Posts als auch in deinen Stories hast Du die Möglichkeit, Markierungen einzufügen.

Wofür ist das nützlich? Brauche ich das überhaupt und wenn ja, warum? Was ist zu beachten, wenn ich Markierungen einfüge?

Diese Fragen beantworte ich auf den nächsten Seiten.

Personentagging

Was ist Personentagging?

Unter Personentagging versteht man das Markieren einer anderen Person direkt auf dem Bild deines Posts. Diese Funktion ist sowohl bei Beiträgen für deinen Feed als auch in deinen Stories einsetzbar. Beim Erstellen eines Beitrags siehst Du, gleich nachdem Du ein Bild ausgewählt hast, die Funktion „Personen markieren". Klickst Du dies an, hast Du die Möglichkeit, einen Namen einzugeben und Personen zu markieren. Dein Beitrag wird dann unten links mit einem Menschensymbol versehen. Klickt jemand darauf, sieht er, wen Du in Deinem Beitrag erwähnt hast.

Des Weiteren wird die Person, die Du markiert hast, von Instagram darüber benachrichtigt. Wenn Du dein Profil anschaust, siehst Du in der linken Rubrik (durch eine Art Raster gekennzeichnet) deine Bilder. Rechts daneben findest Du ein Symbol mit einem Teil eines Menschen darauf. Klickst Du darauf, siehst Du Beiträge, in denen Du markiert wurdest. Auf dieselbe Weise, wie dort Beiträge anderer angezeigt werden, auf denen Du markiert wurdest, sehen umgekehrt die Personen in ihrem eigenen Feed, wenn Du sie markiert hast.

In der Story markierst Du eine Person durch die Funktion „@Mention". Alternativ besteht die Möglichkeit, einen Text einzugeben und durch @ (+ der Name der Person) eine oder mehrere Personen zu markieren. Erwähnst Du jemanden in deiner Story, haben deine Zuschauer die Möglichkeit, auf den Namen zu klicken. Dadurch werden sie auf das erwähnte Profil weitergeleitet.

Warum und wie soll ich die Funktion nutzen?

Nutze die Funktion, wenn Du auf dem Bild mit einer anderen Person zu sehen bist oder eine konkrete Person deinen Beitrag sehen soll. Denkst Du, dass ein Beitrag jemanden interessiert, markiere sie. Hab hierbei keine Angst, jemandem damit auf die Nerven zu gehen. Wenn jemand davon nicht begeistert ist, steht es im frei, die Markierung wieder zu entfernen.

Ungeachtet dessen empfiehlt es sich, mit Bedacht zu wählen, wen Du markierst. Profile, die nichts mit dem Inhalt deines Accounts zu tun haben, solltest Du nicht markieren.

Wenn Du mehrmals eine Person markierst, diese jedoch in keiner Weise mit den Beiträgen interagiert, ist es nicht lohnenswert, diese Person weiterhin zu markieren, da sie offensichtlich kein Interesse an deinen Beiträgen hat.

Ein Vorteil der Markierung ist, dass dein Beitrag im Profil der anderen Person angezeigt wird. Somit hast Du die Chance, eine höhere Reichweite zu erzielen. Wenn Du Leute markierst, die ein Profil in derselben oder einer ähnlichen Nische haben, kannst Du dadurch die richtigen Leute auf dich, dein Profil und dein Business aufmerksam zu machen.

Geotagging

Was ist Geotagging?

Unter Geotagging versteht man das Markieren eines Ortes.

Warum und wie soll ich die Funktion nutzen?

Die Funktion Geotagging ist sowohl in der Story verwendbar, als auch im Feed. Sie zu nutzen ist dann lohnenswert, wenn Du zum Beispiel Reisebilder postest oder dich an einem anderen nennenswerten Ort aufhältst. Durch die Tatsache, dass nach Orten gesucht werden kann, landen so mehr Leute bei deinem Beitrag. Damit bist Du in der Lage, deine Reichweite positiv zu beeinflussen.

Geotagging solltest Du mit Bedacht verwenden. Wenn es einen Zusammenhang mit dem Beitrag gibt, ist es empfehlenswert. Bei einem Selfie ohne Hintergrund wäre es dagegen unnütz, einen Ort zu markieren.

Checkliste und Zusammenfassung: Markierungen

- Nutze Personentagging, um auf deine Posts und Stories aufmerksam zu machen.
- Markiere nur Personen, von denen Du denkst, dass sie an deinen Beiträgen Interesse haben.
- Nutze Geotagging, wenn Du besondere Orte besuchst.

Insights

Jetzt geht's ans Eingemachte. Denn das Thema, um das wir uns in diesem Kapitel kümmern werden, ist entscheidend. Willst Du als Mikroinfluencer durchstarten, sind die Insights eines der mächtigsten Tools, das dir zur Verfügung steht.

Aber was sind Insights überhaupt? Und wobei helfen sie mir? Wie setze ich sie bestmöglich ein und was erreiche ich dadurch?

Dies ist nur ein Teil der Fragen, die Du dir stellen solltest. Alle Antworten findest Du in den nächsten Kapiteln.

Was sind Insights?

Im Grunde handelt es sich um Statistiken. Wie Du schon aus dem Kapitel Profil weißt, steht dir diese Funktion nur bei einem professionellen Konto zur Verfügung. Insights liefern dir die wichtigsten Zahlen rund um Reichweite und Aktionen zu deinen Stories, deinen Beiträgen, aber auch rund um dein Profil. Mit ihnen lassen sich die unterschiedlichsten Tätigkeiten auf dem Profil erfassen. Hierbei unterscheide ich zwischen drei Arten.

Beitrags-Insights

Diese siehst Du unter jedem von dir geposteten Beitrag. Du erfährst etwas über die Anzahl der Likes, der Kommentare, wie oft dein Beitrag geteilt und wie oft er gespeichert wurde. Außerdem Profilaufrufe, deine Reichweite und Impressionen.

Story-Insights

In deiner Story siehst Du Insights, die die einzelnen Storyinhalte betreffen. Die Anzahl der Impressionen, wie und wie oft mit deiner Story interagiert wurde. Du erfährst, wie viele Leute, nachdem sie deine Story angesehen haben, dein Profil aufgerufen haben. Ob jemand eine Story mehrmals angeschaut hat, ob jemand schnell durchgeklickt hat oder sogar die Story verlassen hat.

Allgemeine Insights

Diese findest Du, wenn Du von Deiner Profilansicht aus oben rechts auf die drei Balken klickst und danach Insights auswählst. Du siehst, dass diese Insights in 3 Spalten geteilt sind: Content, Aktivität und Zielgruppe.

Unter **Content** siehst Du, wie viel Du in einer Woche geteilt hast. Darauf folgt eine bildliche Darstellung der Beiträge innerhalb dieser Woche. Auf ihnen wird die Anzahl der Impressionen angezeigt, die diese Beiträge erzielt haben. Hier erkennst Du, welcher Beitrag die meisten Impressionen erzielt hat. Die Anzeige wird nicht chronologisch dargestellt, sondern je nach Relevanz/Impressionsanzahl. Darunter findest Du dasselbe für deine Stories.

Bei **Aktivität** wird dir angezeigt, wie viele Konten Du mit deinen Beiträgen innerhalb der letzten 7 Tage erreicht hast. Du erfährst sowohl die Gesamtanzahl als auch die Anzahl an den einzelnen Tagen in einem Balkendiagramm. Unter diesem findest Du Informationen zu Reichweite und Impressionen.

Wenn Du dich fragst, was der Unterschied zwischen Reichweite und Impressionen ist, erkläre ich dir das kurz. Die Impressionen stellen jeden einzelnen Eindruck dar. Jedes Mal, wenn jemand einen deiner Beiträge sieht, zählt dies als eine Impression. Dabei ist egal, wie viele oder wie oft jemand einen Inhalt ansieht. Einmal ansehen ist eine Impression. Anders verhält es sich bei der Reichweite. Die

Reichweite beschreibt, wie viele Personen einen Beitrag gesehen haben. Hat eine Person deinen Beitrag 10x gesehen, sind dies zwar 10 Impressionen, aber nicht mehr als 1 Zähler bei der Reichweite.

Als Nächstes findest Du im Bereich Aktivität eine Darstellung der Interaktionen auf Deinem Profil. Diese messen die Handlungen, die Personen vornehmen. Die Anzahl der Interaktionen siehst Du in einem Balkendiagramm. Dir wird angezeigt, wie viele Profilaufrufe Du erzielt hast und auch, wie oft jemand deine Webseite angeklickt hat.

Wir sind beim letzten Reiter angekommen, der aber von nicht minder großer Bedeutung ist. Die **Insights**, die deine Zielgruppe betreffen. Hier siehst Du die Anzahl deiner Abonnenten und wie das Wachstum dieser im Laufe der letzten 7 Tage war. Du erfährst, wie viele dir gefolgt sind, wie viele Dir nicht mehr folgen und des Weiteren wie dein Gesamtwachstum (Menschen, die dir neu folgen – Menschen, die dir nicht mehr folgen) aussieht. Dies wird zuerst in Zahlen dargestellt. Darunter zusätzlich in einem Diagramm, indem Du erkennst, wie der Stand an den einzelnen Tagen der vergangenen Woche war. Wundere dich hierbei nicht, wenn dir Leute nicht mehr folgen. Dies passiert immer wieder und hat die unterschiedlichsten Gründe. Ärgere dich nicht darüber.

Unter deinem Wachstum werden die beliebtesten Standorte gelistet. Das bedeutet, Du siehst die Orte, an denen sich deine Abonnenten am meisten aufhalten. Das können sowohl Städte als auch Länder sein. Dadurch erkennst Du, woher Deine

Hauptzielgruppe, bzw. der Großteil deiner Abonnenten stammt.

Dazukommend wird die Altersverteilung deiner Abonnenten dargestellt. Dies ist insbesondere dann relevant, wenn Du beabsichtigst, Werbeanzeigen zu schalten. Obendrein wird die Geschlechtsverteilung angezeigt. Dies dient speziell der Festlegung einer Zielgruppe.

Ganz unten siehst Du, wann deine Abonnenten auf Instagram aktiv sind. Das ist entscheidend, wenn Du dich damit beschäftigt, die optimale Zeit zum Posten zu finden.

Nun, da Du weißt, wie viel mit den Insights dargestellt wird, zeige ich dir, wie Du diese Informationen für ich, dein Profil und dein Business nutzt.

Wie kann ich Insights für mich nutzen?

Durch die Analyse und richtige Deutung der Insights bist Du in der Lage herauszufinden, welche Bedürfnisse Deine Abonnenten haben. Dadurch kannst Du deinen Content anpassen und ein starkes Profil aufbauen.

Welche Daten deiner Insights hierfür am wichtigsten sind, hängt weitestgehend davon ab, was Du auf deinem Profil verbessern möchtest und was dein Ziel ist. Strebst Du eine bessere Engagementrate an? Mehr Profilaufrufe? Eine höhere Reichweite? Oder hast Du im Auge, den Zeitpunkt deines Postens zu optimieren?

Der richtige Zeitpunkt

Wir wollen den Zeitpunkt optimieren, an dem Du deine Inhalte hochlädst. Wie oben erwähnt, siehst Du in den Insights ein Diagramm, das zeigt, wann deine Abonnenten am aktivsten sind.

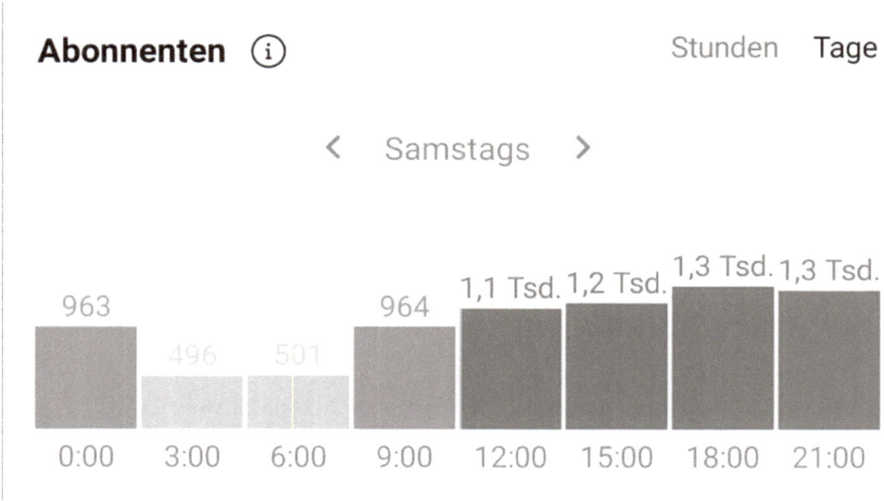

Betrachtest Du diese Daten, siehst Du, wann die Wahrscheinlichkeit am höchsten ist, am meisten Menschen zu erreichen. Denn je mehr Leute online sind, desto mehr Leute haben die Gelegenheit, Deine Beiträge zu sehen und mit ihnen zu interagieren. Wie Du an dem Beispiel unschwer erkennst, sind die meisten Menschen in diesem Fall zwischen 18 und 22 Uhr online. Dies ist die Zeit, die sich hier also anbietet, um neue Inhalte hochzuladen.

Erfährst Du, dass deine Abonnenten über einen gewissen Zeitraum recht gleichbleibend online sind, empfehle ich, zu einem recht frühen Zeitpunkt dieser Zeitspanne zu posten, da somit mehr Menschen deinen Beitrag sehen. Wenn Du um 21 Uhr postest, sehen die Leute, die dann online sind, deine Beiträge. Aber die, die um 18 Uhr online (und ebenso viele) wären, sehen sie nicht. Wenn Du beispielsweise aber gegen 18 Uhr postest, sehen sowohl diejenigen, die zwischen 18 und 21 Uhr online sind diesen Beitrag, als auch diejenigen, die erst später online sind.

Allgemeine Beitragsperformance

Nachdem Du mittlerweile weißt, wann der beste Zeitpunkt für deinen Post ist, wollen wir herausfinden, welche Beiträge am besten performen und Deine Abonnenten am meisten ansprechen. In den allgemeinen Insights bekommst Du einen groben Anhaltspunkt. Hierfür gehst Du in deine Insights und klickst unter dem Reiter Content/Beiträge auf „Alle ansehen“. Wieder war Alice so lieb, mir ihren Feed zur Verfügung zu stellen, um dir zu zeigen, was dann passiert. Es erscheint dieses Bild:

Standardmäßig werden dir die Beiträge des letzten Jahres angezeigt, die nach Reichweite sortiert sind. Du siehst auf einen Blick, welche deiner Beiträge am meisten Reichweite generiert haben. Scrollst Du nach unten, erfährst Du, welche Beiträge am schlechtesten abgeschnitten haben. Dadurch ergibt sich ein Anhaltspunkt, welche Beiträge besser ankommen. Da zusätzlich andere Faktoren, wie beispielsweise der Zeitpunkt des Postens oder die Verwendung von Hashtags einen Einfluss darauf nehmen, schaust Du dir am besten noch ein paar andere Dinge an.

Es besteht nicht nur die alleinige Möglichkeit, Deine Beiträge nach Reichweite zu sortieren, sondern ebenso andere Dinge in den Vordergrund zu stellen. Willst Du nicht den ganzen Zeitverlauf eines Jahres sehen, sondern die Beiträge der letzten 30 Tage analysieren, hast Du die Möglichkeit, den gewünschten Zeitraum auszuwählen.

Hast Du den Zeitraum festgelegt, den Du analysieren möchtest, kannst Du eine Kategorie auswählen.

Interaktion auswählen

- Aufrufe ○
- Ausgehende Klicks ○
- E-Mails ○
- Gefällt mir ○
- Gespeichert ○
- Geteilte Inhalte ○
- Impressionen ○
- Interaktionen ○
- Kommentare ○
- Produktaufrufe ○
- Profilaufrufe ○
- Reichweite ◉

Was Du genauer betrachtest, hängt von deinen eigenen Wünschen und Zielen ab. Ich empfehle dir, die Interaktionen gewissenhaft anzusehen. Sie sagen am meisten darüber aus, wie sehr der Content deine Abonnenten interessiert hat und ob dieser zum Interagieren angeregt hat. Des Weiteren ist es ratsam, die Profilaufrufe zu beachten. Dann siehst Du, welche Beiträge am meisten dazu angeregt haben, Dein Profil zu besuchen.

Es macht einen Unterschied, ob jemand lediglich ein Beitrag gefällt oder ob durch ihn Interesse an dir und deinem Feed geweckt wurde. Insbesondere, wenn es sich um ein Business dreht und Du über deinen Instagramaccount eine Vermarktung anstrebst, sind die Profilaufrufe von entscheidender Bedeutung. Denn wenn niemand dein Profil aufruft und deine Webseite entdeckt, vermag niemand Kunde zu werden.

Analyse der Beitragsperformance

Ich stelle dir im Folgenden eine Methode vor. Mit dieser bist Du in der Lage, herauszufinden, welche Beiträge am besten performen. Dies trägt zur Optimierung deines Auftritts bei. Hierfür schauen wir uns die Insights unter den Beiträgen an.

Anhand dieser beiden Beispiele zeige ich dir, wie Du deine Beiträge analysieren kannst. Dafür legst Du eine Tabelle an.

Diese sieht beispielsweise so aus:

Datum	Bildinhalt	Textinhalt	Reichweite	Likes	Kommentare	andere Interaktionen	Engagementrate	Profilaufrufe
			4399	577	51	157	17,84496476	31
			3001	538	53	137	24,25858047	43

In die erste Zeile schreibst Du das Datum, also wann der Beitrag gepostet wurde. Dann kannst Du zwei Zeilen benutzen, um dein Bild und die Bildunterschrift zu beschreiben, sodass Du in etwa weißt, um welche Art von Beitrag es sich handelt.

Darauffolgend nimmst Du die Insights zur Hand und trägst die Werte in die Tabelle ein, die Du betrachten möchtest. Anhand unseres Beispiels wären es Reichweite, Likes, Kommentare, andere Interaktionen (gespeicherte und geteilte Posts) sowie die Profilaufrufe.

Die Engagementrate wird erst noch berechnet, in dem man die Interaktionen zusammenzählt und durch die Reichweite dividiert. Dieses Ergebnis multipliziert man mit dem Faktor 100, um einen Prozentwert zu erhalten.

((Likes + Kommentare + weitere Interaktionen) / Reichweite)

x 100

Einfacher:

(Interaktionen / Reichweite) x 100

Somit weißt Du, welcher Anteil der Menschen, die deinen Beitrag gesehen haben, auch damit interagiert hat. Je höher dieser Wert, desto besser ist dein Content. Anhand von diesem ist einschätzbar, welche Beiträge besser ankommen. Es empfiehlt sich, zukünftige Beiträge danach auszurichten. Den Wert für die Profilaufrufe habe ich ebenso hinzugefügt, da ich diesen als sehr aussagekräftig betrachte. Wenn das Bild ansprechender ist, gibt es mehr Profilaufrufe. Gehe davon aus, dass Beiträge mit weniger Profilaufrufen, nicht so gut gefallen oder nicht ansprechend genug sind. Dann ist es ratsam, sich darüber Gedanken zu machen, was dieses Bild / diesen Text von den anderen unterscheidet, bei denen die Anzahl der Profilaufrufe höher ist.

In den Insights (unter den Beiträgen) siehst Du außerdem, woher deine Impressionen stammen. Du kannst herauslesen, wie viele davon von deinem Profil, von deiner Startseite oder durch die Verwendung von Hashtags erzielt wurden.

Ist die Zahl „von Hashtags" bescheiden (unter 10 Prozent der Gesamtaufrufe), bist Du gut damit beraten, die Wahl deiner Hashtags zu optimieren.

Durch die Insights und deren Analyse bist Du also in der Lage mit deinen Beiträgen zu experimentieren und hierbei rauszufinden, wie Du die besten Ergebnisse erzielst.

Checkliste und Zusammenfassung: Insights

- Insights zeigen dir Statistiken zu deinen Beiträgen, Stories und deinen Abonnenten
- Analysiere deine Insights, um herauszufinden, welche Themen und Bilder bei deinen Abonnenten am besten ankommen; herauszufinden, zu welchem Zeitpunkt Du deine Beiträge posten sollst.

Interaktionen

Nachdem wir uns mit allem rund um dein Profil beschäftigt haben, kommen wir zu einem weiteren reichlich spannenden Thema. Dieses haucht Instagram erst Leben ein. Vielleicht ahnst du es schon? Genau, wir sprechen über die Interaktionen.

Wann, wo, was und bei wem ist es lohnenswert, Kommentare zu schreiben? Wie gehe ich am besten mit Kommentaren unter meinen Beiträgen um? Ist es ratsam, viele Likes zu verteilen? Was sind Instagramaktionen und hat es einen Vorteil, wenn ich daran teilnehmen?

All diese Fragen werde ich in diesem Kapitel beantworten.

Lass uns starten!

Kommentare

Kommentare sind eine Möglichkeit, mit anderen Personen in Kontakt zu treten. Dies dient dazu, sich zu vernetzen und auszutauschen. Du zeigst dadurch, dass dir ein Inhalt gefällt. Weiterhin machst Du dich damit sichtbar und bist so im Stande, eine Community aufzubauen. Schreibst Du regelmäßig Kommentare in anderen Profilen, kannst Du dir ziemlich sicher sein, mehr Aufrufe auf deinem Profil zu generieren. Darüber hinaus freut sich die Person, bei der Du kommentierst, über deine Kommentare. Denn nur durch Interaktion wird einem Beitrag Leben eingehaucht.

Stell dir vor, Du gibst dir Mühe beim Verfassen eines Beitrages, der dir am Herzen liegt, und wenn Du ihn dann hochlädst, reagiert niemand darauf. Das wäre wahrlich frustrierend, oder? Nun stell dir vor, Du veröffentlichst diesen Beitrag. Daraufhin beginnen deine Follower, mit diesem Beitrag zu interagieren. Sie schreiben Kommentare, machen dir Komplimente dafür oder fangen eine Diskussion an. Dein Beitrag bekommt mehr Aufmerksamkeit.

Anhand von diesem Beispiel sieht Du, wie notwendig Kommentare sind und warum sie hier ein eigenes Kapitel verdienen.

Was muss ich beim Schreiben von Kommentaren beachten?

Achte beim Schreiben von Kommentaren darauf, dass der Kommentar nicht gegen die Communityrichtlinien verstößt. Sei immer respektvoll und freundlich. Im Prinzip gilt: Schreibe die Art von Kommentaren, die Du dir auch unter Deinen Beiträgen wünschst. Reine Emojis als Kommentar sind nicht empfehlenswert. Anstatt bei vielen irgendetwas zu kommentieren, ist es ratsam, einen Kommentar zu schreiben, der sich auf den jeweiligen Beitrag bezieht. Vermutlich kannst du es schon erraten: Biete auch in deinen Kommentaren einen Mehrwert.

Schreibe etwas mit Mehrwert und schreibe mehr als fünf Wörter. Warum?

Ganz einfach. Alle Kommentare, die weniger als fünf Wörter enthalten, werden vom Instagram Algorithmus nicht als Kommentar registriert. Das ist für beide Seiten nicht wünschenswert. Zum einen besteht die Möglichkeit, dass Du als Spam erkannt wirst. Außerdem ist es für die Engagementrate des Beitrages nicht hilfreich. Hier sind lediglich diejenigen Kommentare von Gewicht, die aus mehr als fünf Wörtern bestehen. Fallen dir also keine fünf Wörter zu einem Beitrag ein, lass es lieber sein.

Schreibst Du einen Kommentar, der länger ist und deine Gedanken zu einem Beitrag ausdrückt und Mehrwert bietet, freut sich die andere Person bestimmt darüber. Möglicherweise wird auch sie dazu angeregt, dasselbe bei dir zu tun. Eine Win-Win-Situation.

Wie reagiere ich auf Kommentare anderer?

Erhältst Du Kommentare, ist das die Chance, Interaktionen auf deinem Profil zu bekommen. Es empfiehlt sich, auf Kommentare zu antworten. Dies zeigt, dass Du Wert auf Interaktionen und Meinungen anderer legst. Oder Du sie zumindest wahrnimmst. Das hinterlässt ein positives Gefühl bei den Kommentierenden. Dieses kann die Verfasser wiederum dazu bewegen, aktiver mit deinen Beiträgen zu interagieren.

Zum anderen sei der Vorteil erwähnt, dass Instagram deinen Post dann als relevanter einstuft. Somit verbessert sich dein Ranking und deine Reichweite wird erhöht. Das heißt, Du wirst in der Hashtagsuche besser angezeigt und hast die Chance, dass mehr Menschen auf dich aufmerksam werden.

Likes

Was ist beim Vergeben von Likes zu beachten?

Hier nehmen wir an, dass Du mit Instagram vertraut bist und weißt, was Likes sind. Falls nicht: Es sind die Herzchen, die Du bei Beiträgen verteilen kannst, um zu zeigen, dass dir einer gefällt.

Grundsätzlich steht es Dir frei, so viel zu liken, wie Du möchtest. Dabei ist aber zu beachten, dass Du nicht zu viele Likes in einer kurzen Zeit verteilst. Als Richtwert gelten 50 Aktionen pro Stunde. Hältst Du dich daran, bist Du auf der sicheren Seite.

Warum „auf der sicheren Seite“? Was könnte passieren?

Im schlimmsten Fall wirst Du von Instagram als „Bot“ markiert. Dir wird ein sogenannter Bann auferlegt, was deine Reichweite enorm einschränkt. Unter einem „Bot“ versteht man ein Computerprogramm, das automatisch sich wiederholende Aufgaben abarbeitet. Hierbei ist es nicht auf eine Interaktion mit einem menschlichen Benutzer angewiesen (Definition von Wikipedia). Im Kapitel Banns erfährst Du mehr zu diesem Thema.

Instagram Aktionen

Instagram Aktionen sind Kampagnen oder Trends, bei denen viele Menschen zu einem bestimmten Thema, in einem festgelegten Zeitraum etwas zu einem Hashtag posten.

Was bringt es mir, bei solchen Aktionen teilzunehmen?

Bei Aktionen, die populär sind und bei denen auch andere in deiner Branche mitmachen, empfiehlt es sich, dabei zu sein. Es zeigt deiner Community, dass Du „Up-to-Date“ bist. Des Weiteren hast Du dadurch die Gelegenheit, andere Menschen, die bei dieser Aktion mitmachen, auf dein Profil aufmerksam zu machen. Zusätzlich hilft es dir, dich mit Gleichgesinnten zu vernetzen.

Taggings

Was soll ich tun, wenn ich in den Posts anderer Feeds erwähnt werde?

Wenn Du in den Posts anderer Feeds erwähnt wirst, hast Du, falls es dir unangenehm ist, die Möglichkeit, die Markierung zu entfernen. Ansonsten freut sich derjenige, der dich markiert hat, sicher darüber, wenn Du mit seinem Beitrag interagierst.

Was soll ich tun, wenn ich in Stories anderer Personen erwähnt werde?

Wenn Du in einer anderen Story erwähnt wirst, bekommst Du eine Meldung. Du hast 24 Stunden die Möglichkeit, diese Story in deiner zu teilen. Ob Du das tust, bleibt Dir überlassen. Wohl aber ist zu bedenken, dass Du durch die Interaktion (das Reposten/Teilen), zeigst, dass Du es wertschätzt, dass die andere Person an dich gedacht hat.

Ob ein Reposten ratsam ist, ist davon abhängig, in welchem Bezug Du erwähnt wurdest. Ist es im Rahmen einer Aktion, bei der Du keinen Gefallen daran findest teilzunehmen, ist ein Teilen nicht notwendig. Empfiehlt dich eine andere Person und erwähnt dich deshalb, ist es anständig, wenn Du es in deiner Story repostest und dich darüber hinaus dafür bedankst. Dies zeigt deinen Abonnenten, dass Du dankbar für Erwähnungen bist. Es steigert möglicherweise die Interaktionen und ermutigt andere, dich zu erwähnen. Dies führt unter Umständen zu einer Erhöhung Deiner Reichweite. Hast Du im Sinn, die Story, in der Du erwähnt wurdest, nicht in deiner eigenen zu teilen, empfiehlt es sich, sich zumindest bei dieser Person mit einer Nachricht zu bedanken.

Checkliste und Zusammenfassung: Interaktionen

Kommentare:

- Kommentiere Beiträge anderer Feeds, um deine Anerkennung zu zeigen und deine Reichweite zu erhöhen.
- Kommentare dürfen nicht gegen die Community Richtlinien verstoßen.
- Schreib Kommentare mit Mehrwert und mindestens 5 Wörtern.
- Beantworte Kommentare unter deinen Posts.

Likes:

- Vergib maximal 50 Likes pro Stunde, um nicht von Instagram als Bot markiert zu werden.
- Beteilige dich an Instagram Aktionen, um andere auf dich aufmerksam zu machen.
- Reagiere auf Taggings von anderen Profilen mit Kommentaren, Reposts und/oder Nachrichten.

Abonnenten

In diesem Kapitel widmen wir uns einem Thema, das für die meisten von immenser Bedeutung ist. Wir beschäftigen uns mit allem rund um Abonnenten.

Wie finde ich Follower und wie binde ich diese dauerhaft an meinen Account? Empfiehlt es sich, anderen Accounts zu folgen? Was ist dabei zu beachten?

Fragen über Fragen. Hier kommen die Antworten!

Wie finde ich Abonnenten?

Im Grunde gewinnst Du Abonnenten durch deine Sichtbarkeit. Zuerst werden deine Freunde und Bekannte dir folgen, da dein Profil automatisch deinen Telefon- und Facebook-Kontakten vorgeschlagen wird. Wie gewinnst Du Abonnenten darüber hinaus?

Bevor Du Abonnenten gewinnst, ist es erforderlich, sichtbar zu werden. Denn wie kann dir jemand folgen, wenn er dein Profil nicht kennt? Ein Weg des Sichtbarmachens ist das Posten von Beiträgen sowie die Verwendung von Hashtags. Tust Du das, wirst Du sehen, dass die ersten Abonnenten ohne großen Aufwand kommen. Durch das Verwenden der richtigen Hashtags wird dein Beitrag sichtbar. Dein Profil wird gefunden und erzielt Aufmerksamkeit. Darüber hinaus gibt es weitere Möglichkeiten, auf dich und dein Instagramprofil aufmerksam zu machen.

Eine davon ist, Kommentare auf anderen Profilen zu hinterlassen. Du solltest nun aber nicht einfach überall kommentieren, sondern zuerst überlegen, welche Abonnenten Du denn haben und welche Zielgruppe Du ansprechen möchtest. Dann bist Du gerüstet, nach Profilen zu suchen, die diese Zielgruppe ansprechen und mit den Beiträgen zu interagieren. Je höher der Mehrwert, den Du in den Kommentaren lieferst, desto wahrscheinlicher ist es, dass jemand dein Profil besucht und dir dann folgt.

Zudem bietet es sich an, unter den Beiträgen von ähnlichen Accounts mit größerer Reichweite zu schauen, welche Personen am meisten mit den Beiträgen interagieren und Kommentare schreiben. Dann empfiehlt es sich, die Profile dieser Personen zu besuchen und dort durch Likes und Kommentare Aufmerksamkeit zu erregen.

Wie binde ich Abonnenten an meinen Account?

Bedeutsam bei deinem Instagramaccount ist es nicht bloß, dass Du neue Abonnenten gewinnst. Sondern gleicherweise, wie Du diese an Dein Profil bindest. Denn willst Du ständig auf der Suche nach neuen Abonnenten sein? Oder zielst Du darauf ab, stattdessen eine Community aus treuen Fans aufzubauen, die sich wahrlich für dich interessieren?

Zum einen eignet sich hierfür die Storyfunktion, durch die Du immer wieder einen Einblick in dein Tagesgeschehen gibst und damit einen persönlichen Bezug zu deiner Community schaffst. Durch die Verwendung der verschiedenen Funktionen in der Story bist Du ebenfalls in der Lage, Deine Abonnenten mehr an dich zu binden.

Überdies bindest Du sie durch regelmäßige Posts mit Themen, die Deine Abonnenten interessieren und die Einblicke in dein Leben gewähren. Erzähle deine Geschichte und zeige, dass Du nicht perfekt bist. Schaffe einen Bezug zu deinen Abonnenten. Sei echt.

Ich empfehle auch, immer wieder mit den Profilen von deinen aktivsten Abonnenten zu interagieren, ihnen zu schreiben, ihre Bilder zu liken und ihre Beiträge zu kommentieren.

Welchen Accounts soll ich folgen und warum?

Folge am besten Accounts, die deinem eigenen ähnlich sind und deren Zielgruppe die Gleiche ist. Diese Profile eignen sich, um dir Inspiration zu holen und zu erkennen, was am besten ankommt. Weiterhin bist Du in der Lage, dich durch das Interagieren mit ähnlichen Accounts zu vernetzen. Dies ist immens wichtig, um Reichweite aufzubauen.

Enge Freunde - was ist das?

Du hast die Option, Menschen, denen Du folgst und die dir folgen, zu den engen Freunden hinzufügen. Diese Funktion ist für die Stories relevant. Wenn Du eine Story postest, bist Du in der Lage, zwischen „öffentlich", „privat" und „enge Freunde" zu wählen. Je nachdem wofür Du dich entscheidest, verändert sich die Sichtbarkeit dieser Story.

Wählst Du „enge Freunde" aus, teilst Du den Story-Inhalt mit den Leuten, die Du zuvor als enge Freunde ausgewählt hast. Du grenzt damit den Personenkreis ein und hast die Möglichkeit, Dinge, die Du nicht mit der ganzen Öffentlichkeit teilen möchtest, trotzdem hochzuladen. Veröffentlichst Du eine Story, wird sie je nach Verfügbarkeit rot oder grün umrandet, sodass deine Freunde sehen, dass dieser Post für einen festgelegten Kreis sichtbar ist.

Des Weiteren erkennst Du die Aktivitäten deiner „engen Freunde" durch das Hinzufügen in diesen Kreis besser in einen Story-Insights.

Schaust Du nach, wer deine Story gesehen hat, werden enge Freunde gesondert gelistet und mit einem grünen Stern markiert. Bisher bezieht sich die Funktion der engen Freude auf die Story, es ist aber denkbar, dass sie zukünftig auch im Feed verfügbar sein wird.

Checkliste und Zusammenfassung: Abonnenten

- Gewinne Abonnenten durch: regelmäßiges Posten von Beiträgen und Stories, Interaktionen mit anderen Profilen, Interaktionen mit aktiven Abonnenten von ähnlichen Profilen
- Binde Abonnenten an deinen Account durch: das Nutzen der Storyfunktion, regelmäßiges Posten von Inhalten, die deine Abonnenten interessieren, Regelmäßiges Interagieren mit den Profilen deiner aktivsten Abonnenten
- Folge Accounts, die deinem ähnlich sind und damit die gleiche Zielgruppe haben wie Du.
- Belohne deine aktivsten / treusten Abonnenten, indem Du sie in den Kreis der engen Freunde aufnimmst und bestimmte Inhalte nur mit ihnen teilst.

Marketingaktivitäten

Mit diesem Kapitel sind wir beim ökonomischen Teil dieses Buches angekommen. Wir beschäftigen uns mit dem Marketing. Dies ist besonders wichtig, wenn Du mit Instagram oder mit deinen eigenen Inhalten Geld verdienen möchtest.

Wie generiere ich via Instagram ein Einkommen? Welche Möglichkeiten bieten sich, Eigenmarketing zu betreiben? Was ist Crossmarketing und welche Werbeaktionen kann ich für mich nutzen? Welche Art der Werbung kann ich schalten und was ist dabei zu beachten? Wie finde ich Auftraggeber, die mich für Posts bezahlen?

Ich nehme an, dass Du darauf brennst, die Antworten auf diese Fragen zu erfahren. Dann halte ich dich nicht länger auf, im Folgenden erfährst Du alles Wissenswerte.

Wie kann ich mit Instagram Geld verdienen?

Es gibt zwei Möglichkeiten, mit Instagram Geld zu verdienen. Zum einen ein eigenes Produkt oder eine eigene Dienstleistung über dein Profil zu vermarkten. Zum anderen bezahlte Kooperationen einzugehen.

Wie funktioniert Instagram-Eigenmarketing?

Du hast mit Instagram ein Tool, um dich oder deine Dienstleistung zu vermarkten. Mit Eigenmarketing meine ich hierbei, dass Du nicht für ein anderes Unternehmen wirbst, sondern für dich selbst. Hast Du ein Web-Angebot, hast Du mit einem professionellen Konto die Möglichkeit, einen Link in deine Profilbeschreibung einzufügen. Dadurch werden deine Abonnenten und Profilbesucher auf das aufmerksam, was Du anzubieten hast. Mit dem bloßen Einstellen eines Links ist es aber nicht getan. Folge den Tipps in diesem E-Book, um deine Sichtbarkeit zu erhöhen. All das dient dem Eigenmarketing.

Du hast die Möglichkeit, immer wieder in deinen Posts oder in deiner Story darauf hinzuweisen, was Du anzubieten hast und auf deine Homepage weiterzuleiten. Achte darauf, dass es in deinem Feed nicht nur darum geht. Es ist nicht förderlich, wenn dein Profil wie ein reiner Verkaufskanal wirkt. Der Mehrwert sollte überwiegen.

Welche Werbeaktionen kann ich für mich nutzen?

Zu den beliebtesten Werbeaktionen auf Instagram zählen Gewinnspiele und Verlosungen. Doch ist das sinnvoll? Und was ist denn dabei zu beachten?

Unter Gewinnspiel versteht man eine Aktion, bei der eine oder mehrere Personen etwas verlosen. Dies ist möglicherweise ein Produkt oder aber auch eine Dienstleistung. Vertreibst Du dein eigenes Produkt, ist dies für deine Abonnenten oder potentielle Kunden reizvoll. Gleichzeitig erzielt dein Produkt dadurch Aufmerksamkeit, ohne dass es den Anschein hat, dass Du aggressiv Werbung betreibst.

Klingt doch erstmal toll. Bevor Du jetzt aber sofort loslegst, lass uns noch eine fundamentale Frage beantworten.

Wie veranstaltet man ein Gewinnspiel korrekt?

Zuerst einmal ist es wesentlich, ein Bild zu wählen, das den Gewinn ansprechend darstellt. Es sollte auf den ersten Blick zu sehen sein, worum es geht. Achte außerdem darauf, einen interessanten Text zu wählen. Er soll Personen anregen, an dem Gewinnspiel teilzunehmen.

Hierzu gibt es allerdings auch einiges zu beachten, um eine Abmahnung von Instagram zu vermeiden.

Ein Gewinnspiel ist eine Werbeaktion, weshalb Du den Beitrag als Werbung markieren musst. Es muss klar sichtbar sein, dass es sich bei dem Beitrag um Werbung handelt. Es reicht nicht aus, es klein unten in den Beitrag zu schreiben. Das kann so aussehen:

/Werbung durch Gewinnspiel/

Danach empfiehlt es sich, die Teilnahmebedingungen zu formulieren. Hierbei ist darauf zu achten, dass Du niemanden zwingst, eine andere Person zu markieren. Du hast die Erlaubnis, höflich darum zu bitten oder zu erwähnen, dass Du dich darüber freust. Es ist jedoch nicht zulässig, es zu einer Bedingung für die Teilnahme an der Verlosung zu machen. Eine erlaubte Teilnahmebedingung ist dagegen, dass dir jemand folgen und den Beitrag kommentieren muss.

Daneben ist die Zeitspanne bedeutend. In dem Post zu dem Gewinnspiel muss klar zu sehen sein, wie lange das Gewinnspiel andauert und wann der Gewinner bekanntgegeben wird.

Zudem ist es unentbehrlich einige Dinge, wie die DSGVO (Datenschutz-Grundverordnung) zu beachten.

Du könntest zum Beispiel folgenden Text verwenden:

„Teilnahmeberechtigt sind alle Personen über 18 Jahren aus Deutschland. Der Gewinner wird nach Ende des Gewinnspiels per Direktnachricht kontaktiert und gemäß DSGVO nur mit seinem Einverständnis in meiner Story erwähnt. Der Rechtsweg und eine Barauszahlung sind ausgeschlossen. Instagram steht in keinem Zusammenhang mit dieser Verlosung."

Was muss ich beachten, wenn ich auf meinem Profil Werbung mache?

Wenn Du dein Instagram-Profil benutzt, um Produkte, Seiten oder Unternehmen zu bewerben, ist es unerlässlich, den Beitrag oder die Story mit Werbung zu markieren. Das heißt, bei einem Feed-Beitrag ist in der Bildunterschrift zu erwähnen, dass es sich bei dem Post um Werbung handelt. Ansonsten wirst Du von dem jeweiligen Auftraggeber darüber informiert werden, was in den Beitrag zu integrieren ist. Es reicht nicht aus, Werbung als Hashtag zu ergänzen. Bei einer Kooperation muss gut zu erkennen sein:

** Werbung durch Kooperation **

** Werbung durch Produktnennung **

Bei einem Kreator-Profil hast Du die Option, direkt in deinem Beitrag den Kooperationspartner zu verlinken.

Du bist aber nicht nur verpflichtet, Werbung zu kennzeichnen, wenn Du eine Kooperation eingegangen bist. Du hast ebenfalls darauf zu verweisen, wenn Du für ein eigenes Produkt wirbst. Schreibe z.B.:

** Eigenwerbung **

Wie schalte ich auf Instagram bezahlte Werbung und was bringt es mir?

Eine bezahlte Werbung auf Instagram zu schalten scheint simpel zu sein. Du zückst deine Kreditkarte, wählst die Laufzeit und die maximalen Kosten pro Tag aus, definierst die Zielgruppe und schon wird dein Post tausenden von Menschen angezeigt.

Ist doch super, oder?

Nicht, wenn Du nicht ein paar Grundregeln beachtest, um für das Geld, das Du ausgibst, so viel Aufmerksamkeit wie möglich zu erhalten. Beachte folgende Punkte, damit sich deine Werbung lohnt.

Schalte deine Werbung für mindestens drei, besser fünf Tage. Dein Tagesbudget legt fest, wie vielen Menschen deine Werbung angezeigt wird. Je mehr Du bereit bist auszugeben, desto mehr Menschen wirst Du erreichen.

Lege die Zielgruppe so genau wie möglich fest, anstatt darauf abzuzielen, möglichst viele verschiedene Menschen zu erreichen. Sei dir darüber im Klaren, welche spezielle Nische dieser Beitrag bedient und lege dann diese Menschen als Zielgruppe bei der Werbung fest.

Verwende ein aussagekräftiges Bild. Menschen, die deinen Post sehen, sollten sofort in der Lage sein zu erkennen, worum es sich handelt. Oft sind es Sekundenbruchteile, die darüber entscheiden, ob jemand weiter scrollt oder an Deinem Post hängen bleibt. Zeige klar, worum es geht. Überrasche die Menschen mit einem spannenden Bild, das ihre Neugier auf sich zieht.

Gestalte die Bildunterschrift so kurz und prägnant wie möglich. Niemand gefällt es, ellenlange Bildbeschreibungen zu lesen, die nicht auf den Punkt kommen.

„Call to Action“ - Rege die Menschen zu Handlungen an, zum Beispiel, indem Du sie auf deine Homepage oder dein Profil weiterleitest.

Ich rate dir, mit allen, die auf deine Werbung reagieren, in Interaktion zu treten. Schau dir ihre Profile an, like ihre Bilder und schreibe Kommentare zu ihren Posts. Dadurch verstärkst Du die Aufmerksamkeit, die Du durch die Werbung bekommst, nochmals um ein Vielfaches.

Wenn Du diese Punkte beachtest, ist Instagram Werbung sicher eines der günstigsten Marketingtools, für dich und dein Produkt.

Wie finde ich Auftraggeber?

Manchmal schalten Auftraggeber Werbeanzeigen auf Instagram. Du hast dann die Möglichkeit, dich darauf zu bewerben. Oder es passiert, dass Du angeschrieben wirst. Dies kommt vor, wenn eine Firma Dein Profil entdeckt hat und es ihnen gefallen hat.

Sorge auf jeden Fall dafür, dass Du für potentielle Auftraggeber erreichbar bist, zum Beispiel, indem Du Deine E-Mail-Adresse angegeben hast.

Checkliste und Zusammenfassung: Marketingaktivitäten

- Nutze Gewinnspiele und Verlosungen, um auf dich aufmerksam zu machen. Beachte dabei aber die Spielregeln.
- Kennzeichne Werbung, sowohl für Fremdprodukte als auch im Fall von Eigenwerbung.
- Nutze bezahlte Instagramwerbung als günstiges und effektives Marketingtool.
- Finde Auftraggeber, indem du dich auf Werbeanzeigen von potentiellen Auftraggebern bewirbst; dich so sichtbar machst, dass potentielle Auftraggeber dich finden können

Banns

In diesem Kapitel setzen wir uns mit einem Thema auseinander, das eine enorme Rolle spielt. Es ist für dich von Vorteil, wenn Du dir bei all deinen Aktivitäten auf Instagram im Klaren darüber bist. Wir beschäftigen uns mit den Banns und klären folgende Fragen:

Was sind Banns überhaupt und warum gibt es sie? Wie wirkt sich ein Bann auf mein Profil aus? Wie bemerke ich, dass ich einen Bann habe, und was kann ich tun, um ihn wieder loszuwerden?

Was ist ein Bann?

Ein Bann, oder im Spezialfall „Shadowban“ genannt, ist eine Maßnahme von Instagram, um vordergründig Spam einzuschränken. Im Grunde lässt sich sagen: Ein Bann ist eine Einschränkung, die Instagram dir auferlegt. Bei dem Spezialfall „Shadowban“ handelt es sich um einen Bann, bei dem Du unsichtbar wirst. Niemand ist im Stande, dich zu finden. Deine Beiträge erscheinen nicht mehr in den Hashtags. Deine Reichweite sinkt enorm.

Im eigentlichen Sinn ist ein Bann eine positive Angelegenheit. Dadurch wird Spam auf der Plattform minimiert. Dem gegenüber strebt man danach, dass man mehr relevante Beiträge zu sehen bekommt.

Allerdings besteht die Gefahr, dass Du von diesem Bann getroffen wirst. In diesem Fall könnten nur noch deine Abonnenten deine Beiträge weiterhin sehen. In den Hashtags wirst Du nicht mehr gelistet. Möglicherweise bekommen sogar deine Abonnenten deine Beiträge nicht mehr angezeigt. Im schlimmsten Fall ist dein ganzes Profil für einige Zeit nicht mehr sichtbar oder Du wirst gesperrt.

Warum gibt es Banns?

Einen Bann zu erhalten oder für eine Zeit komplett gesperrt zu sein, ist nervig. Da fragt man sich, wozu tut Instagram das überhaupt? Die Plattform macht es nicht aus Lust und Laune, sondern für die

Sicherheit von Instagram. Für einen Bann gibt es (zumeist) Gründe.

Die drei Hauptgründe für einen Bann sind:

1. Du verstößt gegen die Instagram- Richtlinien.

Wie bei jeder Gemeinschaft gelten für Instagram Nutzungsbedingungen und Community-Richtlinien, die weltweit gültig sind. An diese hat sich jeder, der die Plattform nutzt, zu halten. Diese Fotos/Videos und Kommentare sind verboten:

- Fotos, die dir nicht gehören. Kopierst Du Bilder von Google oder aus einer anderen Quelle, hast Du nicht die Befugnis, diese zu posten, da es gegen das Urheberrecht verstoßen würde.
- Bilder/Videos, die Nacktheit/Pornographie, Illegales (z.B. Drogen oder Waffen), Gewalt, Selbstverletzung (z.B. Propagieren von Essstörungen, Depressionen, Alkohol) oder Ähnliches zeigen.
- Mobbing, wie Beleidigungen, Hassreden und Ausgrenzung. Behandle andere auf die Art und Weise, wie Du behandelt werden willst.

Manchmal wird Instagram von sich aus auf den Verstoß aufmerksam und reagiert sofort. Es ist jedoch ebenfalls denkbar, dass ein anderer Nutzer dich meldet. Passiert das, prüft Instagram dies. Liegt ein Verstoß vor, erhältst Du einen Bann oder eine Sperre.

2. Du wurdest gehackt.

Fallen dir auf deinem Profil irgendwelche ungewöhnlichen Aktivitäten auf, die mit deinem Account getätigt wurden? Dann könntest Du gehackt worden sein! In diesem Fall solltest Du dies Instagram melden und ein neues Passwort beantragen. Gleich ein neues Profil zu erstellen ist nicht zwingend erforderlich. Manchmal reicht ein Ändern der Zugangsinformationen aus.

3. Du wirkst wie ein Spammer oder Bot

Instagram ist eine Plattform, die von Interaktionen lebt. Um keine künstlichen Interaktionen hervorzubringen, versucht Instagram gegen Spam-Konten und Bots vorzugehen. Es dient dem allgemeinen Umgang auf Instagram. Denn wenn wir ehrlich sind, wem würde es gefallen, wenn seine Likes auf automatisierten Programmen beruhen würden? Ebenso wie immer dieselben Kommentare, die von keinem echten Menschen geschrieben sind? Wenn Du dir Mühe mit deinen Beiträgen gibst, ärgert dich das vermutlich auch beträchtlich. Wer auf Instagram nicht authentisch und echt wirkt, sondern ohne zu posten, einer Vielzahl unterschiedlicher Aktionen durchführt, riskiert, gesperrt zu werden. Hierzu zählt beispielsweise das Folgen von unterschiedlichen Seiten und das Verteilen von vielen Likes. Weiterhin gilt das für Leute, die über Direktnachrichten massenweise Links oder Spam-Bilder verschicken. Nutzt Du einen Bot, der automatisch neue Bilder anderer mit „gefällt-mir“ markiert, erkennt das Instagram und sperrt dich.

Im Allgemeinen lässt sich sagen:

Es gibt kein offizielles Limit für die Anzahl von Likes, Follows, Unfollows und Kommentaren. Dennoch fällt es negativ auf und führt unter Umständen zu einem Bann, wenn Du jeden Tag innerhalb von Minuten eine Zwei- oder dreistellige Anzahl von Aktionen durchführst. Achtest Du darauf, nicht mehr als 50 Aktionen pro Stunde durchzuführen, müsstest Du auf der sicheren Seite sein. Wenn Du jemandem folgst, um ihm dann kurze Zeit später wieder zu entfolgen, fällt das ebenfalls negativ auf. Es zeigt, dass Du dich nicht aufrichtig für die anderen Personen interessierst, sondern ausschließlich deine Abonnentenzahl erhöhen willst. Das solltest Du sein lassen! Das Gleiche gilt für Kommentare. Schreibst Du immer lieblose Kommentare, wie z.B. „Schönes Bild!“, „Hübsch“ oder ähnliches, zeigt das, dass dein Interesse nicht echt ist und Du lediglich kommentierst, um Aufmerksamkeit zu erbetteln. Wenn Du kommentierst, dann mach dir bitte die Mühe, den Text durchzulesen und schreib keine 0-8-15-Kommentare.

Das Kaufen von Likes, Abonnenten und Kommentaren sieht Instagram nicht gerne. So kann es passieren, dass Du sofort gelöscht wirst.

Wie bemerke ich einen Bann?

Wenn Du nicht mehr in der Lage bist, Kommentare zu schreiben oder mit Posts zu interagieren, hast Du einen Bann. Bist Du unsicher, ob dein Profil dem „Shadowban“ unterliegt, rate ich dir, einen Beitrag hochzuladen und nachzusehen, ob er in der jeweiligen Hashtagkategorie angezeigt wird oder nicht. Falls dein Beitrag nicht sichtbar ist, musst Du davon ausgehen, dass dir ein „Shadowban“ auferlegt wurde.

Kann ich einen Bann wieder loswerden?

Ja. Meist ist ein Bann eine vorübergehende Maßnahme und verschwindet nach einer gewissen Zeit wieder. Der „Shadowban“, bei dem deine Beiträge nicht mehr in der Hashtagsuche angezeigt werden, ist üblicherweise nach 7 bis 14 Tagen zu Ende. Bekommst Du diesen Bann öfter, verlängert sich die Zeitspanne. Leider ist eine genaue Zeitangabe nicht möglich. Hattest Du einmal einen Bann, solltest du nachdenken, welches Verhalten ursächlich war. In der Zukunft bist Du dann im Stande, eben dieses zu unterlassen. Somit beugst Du weiteren Banns vor. Bist Du dir nicht bewusst darüber, was die Ursache war, steht es dir frei, Instagram anzuschreiben. Leider gibt es keine Garantie für eine Antwort.

Checkliste und Zusammenfassung: Banns

- Banns blockieren deine Reichweite, meide sie also so gut Du kannst.
- Mögliche Gründe für einen Bann sind:
- Du verstößt gegen die Community Richtlinien
- Du wurdest gehackt
- Du wirkst wie ein Spammer oder Bot
- Mit Geduld wirst Du einen Bann wieder los.

Printed in Poland
by Amazon Fulfillment
Poland Sp. z o.o., Wrocław

68867990R00085